Administração Estratégica de Vendas

PUBLICAÇÕES
FGV Management

MARKETING E VENDAS

Administração Estratégica de Vendas

Juliana Liedke

FGV EDITORA IDE

Direitos desta edição reservados à
FGV EDITORA
Rua Jornalista Orlando Dantas, 9
22231-010 | Rio de Janeiro, RJ | Brasil
Tel.: 21-3799-4427
editora@fgv.br | www.editora.fgv.br

Impresso no Brasil / *Printed in Brazil*

1ª edição: 2023

Preparação de originais: Sandra Frank
Projeto gráfico de miolo e diagramação: Abreu's System
Revisão: Renata Magdaleno
Capa: Aspecto Design

Dados Internacionais de Catalogação na Publicação (CIP)
Ficha catalográfica elaborada pela Biblioteca Mario Henrique Simonsen/FGV

Liedke, Juliana Oliveira
Administração estratégica de vendas / Juliana Liedke. – Rio de Janeiro : FGV Editora, 2023.
132 p. – (Publicações FGV Management. Marketing e vendas)

Inclui bibliografia.
ISBN: 978-65-5652-284-5

1. Vendas – Administração. 2. Canais de distribuição. I. Fundação Getulio Vargas. II. Título.

CDD – 658.85

Elaborada por Mariane Pantana Alabarce – CRB-7/6992

Sumário

Apresentação

A Fundação Getulio Vargas surgiu em 1944 com o objetivo inicial de preparar pessoal qualificado para a administração pública e privada do país. Antevendo a chegada de um novo tempo, a FGV decidiu expandir seu foco de atuação e, do campo restrito da administração, passou ao mais amplo das ciências sociais e econômicas. A instituição extrapolou as fronteiras do ensino e avançou pelas áreas da pesquisa e da informação, até converter-se em sinônimo de centro de qualidade e de excelência.

Os bens, produtos e serviços oferecidos pela Fundação Getulio Vargas, sempre alinhados com a missão da instituição – contribuir para o desenvolvimento econômico e social do Brasil –, colaboram, de modo permanente, para a elevação da produtividade e da competitividade de um grande número de empresas e para o aprimoramento de organismos públicos municipais, estaduais e federais.

O sólido conhecimento das dinâmicas e práticas do mercado e a alta competência acadêmica aliada à experiência internacional do seu corpo docente possibilitaram à FGV conceber uma oferta diversificada e abrangente para as necessidades e expectativas de seu público, seja da área governamental, seja do setor privado.

Líder na criação e no aperfeiçoamento de ideias que contribuem para o desenvolvimento nacional, a FGV investe e estimula a pesquisa acadêmica por meio de suas escolas e de seus institutos, o que tem resultado em uma produção de relevância, reconhecida nacional e internacionalmente.

Dessa forma, em suas áreas específicas de conhecimento, cada escola/instituto da FGV é responsável por desenvolver os cursos que a FGV Educação Executiva oferece ao mercado, gerindo uma grande rede de distribuição de produtos e serviços destinados aos que valorizam a educação continuada, sempre com a qualidade FGV.

Rubens Mario Alberto Wachholz
Diretor-geral do Instituto de Desenvolvimento Educacional

Introdução

O ano de 2020 foi caracterizado por apresentar à população mundial uma série de novos cenários e desafios. A pandemia de Covid-19 impactou nossas vidas em todos os sentidos, seja pela forma como se apresentou, seja pelo alcance e pela velocidade com que se disseminou. Pela primeira vez, deparamo-nos com a necessidade de reinvenção em todas as frentes, principalmente no âmbito corporativo e de vendas. O evento da pandemia obrigou as empresas e organizações a se posicionarem no mercado de uma forma completamente diferente daquela com a qual estavam acostumadas, buscando estratégias e meios inéditos de superar a barreira do isolamento social.

Os desafios atuais da área de vendas são superiores aos do passado, uma vez que o modelo tradicional, em que os vendedores realizavam suas visitas e os clientes vinham até suas lojas, encontra-se estagnado devido à necessidade de isolamento social. Em outras palavras, da noite para o dia, esse modelo deixou de existir ou, se ainda existe, não é o único canal nem meio suficiente para atingir os números ora desejados e a própria sustentabilidade dos negócios. Atualmente, para tornar próxima essa relação com os clientes, é necessário utilizar outro artefato que também revolucionou nossa forma de trabalho: a tecnologia. Mesmo que sejamos capazes de neutralizar as consequências dessa pandemia e que a rotina já conhecida volte a existir, esse curto intervalo de tempo que mudou nossa vida abriu uma enorme janela de oportunidades e quebrou muitos paradigmas que se encontravam à nossa frente, mas não tínhamos como prioridade enfrentar.

Nesse contexto, os gestores ainda se deparam com outro desafio: realizar a gestão dos seus times a distância, de modo que se sintam apoiados e não percam o foco no relacionamento com os clientes, objetivando o alcance das metas. A força de vendas, por sua vez, também enfrenta o desafio de manter o fluxo de negócios mesmo a distância e precisa repensar todas as formas de comunicar-se com os clientes, de forma que continuem sentindo-se amparados como antes da pandemia.

Com esse cenário de fundo, o desafio atual está em adaptar-se ao mundo virtual e realizar toda a rotina corporativa utilizando a tecnologia disponível. Para alguns ramos de negócio, aprender a utilizar as mídias sociais em prol do relacionamento com os clientes e do desenvolvimento de oportunidades, o chamado comércio eletrônico, tornou-se indispensável. Sendo assim, as empresas e organizações precisam, em primeiro lugar, organizar a estratégia de vendas de modo alinhado à estratégia da empresa como um todo para, em seguida, organizar sua força de vendas de forma inteligente, a fim de que se alcancem os objetivos definidos, modificando a mentalidade dos gestores e, principalmente, dos vendedores, pois a única certeza que temos sobre os impactos dessa pandemia mundial é a de que nada será como antes.

Neste livro, iremos abordar temas fundamentais para administração estratégica de vendas, cujo foco está em atingir os objetivos estabelecidos da forma mais eficiente e eficaz possível. Desse modo, demonstraremos a importância do entendimento e do domínio do processo de vendas por parte dos gestores e da força de vendas, bem como os impactos que o alinhamento da estratégia, da estrutura e da cultura da empresa podem gerar nos negócios. Também discutiremos a importância da supervisão de vendas e o papel fundamental dos gestores ao direcionarem, orientarem e desenvolverem sua força de vendas sempre pensando no desenvolvimento tanto individual quanto da equipe, pois dessa forma terão um time motivado, que lutará para vencer os desafios impostos pela pandemia, além dos que estão por vir. Esses e outros temas fornecerão subsídios ao público que deseja identificar formas de não só ampliar, mas também aperfeiçoar o desempenho de sua força comercial.

Considerando esse contexto, *Administração estratégica de vendas* tem como objetivo geral apresentar, de forma clara, o conteúdo necessário ao desenvolvimento de uma estratégia de vendas efetiva e alinhada aos objetivos estratégicos da organização. Para tanto, ao longo do conteúdo, buscaremos levar o leitor a desenvolver as seguintes competências:

- desenvolver e implementar estratégias de venda;
- planejar e implementar o processo de gestão da força de vendas;
- desenvolver e implementar a política de remuneração da área de vendas;
- compreender o papel da supervisão no processo de administração de vendas.

No capítulo 1, Conceitos iniciais, abordaremos a origem, o objetivo e a importância de vendas bem como do alinhamento entre a estratégia, a estrutura e a cultura organizacional. Para tanto, serão apresentadas algumas ferramentas que podem ser utilizadas na construção e avaliação das estratégias mais adequadas às características da sua organização e do seu mercado de atuação. Além disso, apresentaremos a diferença entre meta e objetivo, e demonstraremos a importância de todo esse alinhamento para o alcance dos objetivos organizacionais.

No capítulo 2, Processos, estrutura e relacionamento, veremos que é fundamental que tanto gestores quanto vendedores tenham total domínio do processo de vendas. Por essa razão e para que possam escolher as estratégias mais eficazes, nesse capítulo, apresentaremos o processo de vendas, a organização e a formação do time de vendas bem como os treinamentos necessários para que os vendedores estejam preparados para ir ao mercado. Também discutiremos o conceito de gerenciamento do relacionamento com o cliente – *customer relationship management* (CRM) – e apresentaremos os vários perfis de vendedor que podem ser utilizados na hora de estruturar o time de vendas.

No capítulo 3, Vendas, distribuição e acompanhamento, apresentaremos os canais de distribuição dos produtos e serviços, incluindo a ferramenta do funil de vendas, que oferece os indicadores de performance necessários ao acompanhamento e à execução do planejamento estratégico de vendas. Além disso, discutiremos sobre o uso da tecnologia e veremos como ela pode auxiliar no desenvolvimento de um processo de vendas mais simples e eficiente.

Por fim, no capítulo 4, Administração de vendas, abordaremos a importância da supervisão no processo de administração das vendas, identificando os papéis e responsabilidades dos gestores. Para que a força de vendas execute e atinja suas metas e seus objetivos, é fundamental que esteja motivada. Nesse sentido, discutiremos o fator motivacional como diferencial na rotina dos vendedores bem como a política de remuneração da área comercial, apresentando alguns modelos, suas vantagens e desvantagens.

1
Conceitos iniciais

Origem da atividade de vendas

Pesquisas apontam que, desde a Grécia antiga, já eram observadas atividades de venda que, na época, caracterizavam-se por trocas. Já a profissão de vendedor como conhecemos hoje surgiu durante a Revolução Industrial, na Inglaterra, entre os séculos XVIII e XIX. Até então, o comércio era realizado por mercadores e artesãos que, por meio de escambo, trocavam produtos do campo por mercadorias manufaturadas nas cidades. Com o processo de industrialização dos países e o surgimento de estradas de ferro, surgiu a profissão de vendedor. Na época, mais conhecido como caixeiro viajante, esse profissional também tinha a função de comunicador, uma vez que propagava as novidades e notícias das cidades por onde passava.

Avançando no tempo, identificamos outros marcos importantes no desenvolvimento da atividade de vendas: as grandes guerras mundiais de 1915 e 1945 bem como a Grande Depressão de 1929. No intervalo de 30 anos entre as duas guerras, a atividade de venda não apresentou grande desenvolvimento quanto a seus métodos, mas, com a Grande Depressão, surgiu a necessidade de aprimorar seus mecanismos. Finalmente, em 1945, com a prosperidade do pós-guerra, as empresas passaram a investir no desenvolvimento dessa atividade tão importante para seu crescimento e resultado.

Nesse momento, a área de marketing também começou a ter um papel mais relevante e estratégico dentro das organizações.

Tornar a atividade de vendas mais profissional foi uma necessidade quase natural dos clientes, que, cansados das conversas dos vendedores, passaram a exigir mais informações para concretizar a compra dos produtos. Dessa forma, a profissionalização dos vendedores tornou-se um divisor de águas para as empresas e organizações. Ficou claro que não havia mais espaço para apenas oferecer o produto, sendo necessário buscar uma abordagem voltada para orientação e satisfação do cliente. Nesse momento de plena evolução de mercado, surgiu também a parceria entre vendas e marketing, outra profissão tão antiga quanto a de vendas e que, a cada década, vem se desenvolvendo e dando suporte à área de vendas. Com base no seu planejamento, o marketing tem como objetivo saber qual é e como está o mercado aos olhos do comprador, e não da empresa, facilitando a criação de uma estratégia de vendas e dando suporte aos vendedores que se deslocam para o campo a fim de executar essa estratégia.

Podemos observar que a profissão de vendedor, ou a atividade de vendas, é uma das mais antigas do mundo e foi a que mais se desenvolveu para se adaptar aos tempos contemporâneos. Seus processos, atividades e metodologias cresceram e tornaram-se tão complexos quanto o mundo em que vivemos. Por essa razão, devemos não só refutar a ideia de que qualquer pessoa pode ser vendedora, mas também corrigi-la, pois, na verdade, qualquer pessoa que deseje estudar, aperfeiçoar-se e, acima de tudo, compreender o processo de vendas pode ser vendedora.

Objetivo da atividade de vendas

Responda rápido: qual é o objetivo de vendas? Vender mais? Vender melhor? Vender para crescer? Vender para satisfazer seu cliente? Aumentar seu tamanho de mercado (*market share*)?

> De forma muito simples, o objetivo de vendas é transferir a propriedade de algo para outra pessoa/empresa por um preço combinado.

Vender deve ser o principal objetivo de qualquer empresa, pois, a partir dessa transação, a empresa tem o capital para pagar seus custos e investir no desenvolvimento do seu negócio.

Com base nessa definição, a empresa, por meio dos seus gestores, deve definir seus objetivos de venda bem como a estrutura que irá suportar esses objetivos e, paralelamente, alinhar esses pontos à cultura da organização. Sendo assim, precisa definir um plano estratégico macro (da empresa como um todo) para, em seguida, desenvolver um plano específico para a área de vendas. Esse planejamento deve levar em consideração a missão, a visão e os valores da organização, elementos direcionadores que precisam ser observados pela empresa como um todo e, principalmente, pela área de vendas, que é a primeira a representar a organização no mercado.

Antes de abordarmos a importância da definição adequada dos objetivos da área de vendas, é fundamental que compreendamos os dois modelos de venda existentes, suas características e diferenças. Vejamos.

1) *Vendas simples* – Vendas simples são as vendas do varejo, as mais comuns na vida das pessoas, aquelas de fechamento rápido e *ticket* médio (valor da venda) baixo. As farmácias, as lojas de roupas e as lojas de calçados são exemplos de estabelecimentos em que ocorrem vendas de varejo, cujo objetivo é a venda de um produto ou serviço ao cliente final. Nesse tipo de venda, o papel do vendedor é identificar, de forma objetiva, o que o cliente procura e oferecer-lhe a solução rapidamente, buscando convencê-lo a fechar o negócio na hora. Ele pode e deve, por meio de perguntas, buscar novas necessidades e

tentar melhorar sua venda por meio de técnicas que vamos abordar posteriormente.

2) *Vendas complexas* – São as vendas de atacado, aquelas em que se busca vender em maior quantidade e, normalmente, para que o produto ou serviço seja revendido por outra empresa ao cliente final. Sendo assim, as vendas de atacado focam empresas que irão revender os produtos ou serviços bem como pessoas jurídicas que farão o papel de intermediários com o consumidor final.

   Essas vendas são complexas, pois apresentam um processo bem maior, ou seja, têm um ciclo mais demorado, que, às vezes, pode demorar anos para se concretizar, dependendo da complexidade do negócio. Por outro lado, seu *ticket* médio é muito maior.

   Nesse caso, o vendedor é um consultor: cabe a ele entender o problema do cliente e apresentar uma proposta que o ajude a resolvê-lo. Muitas vezes, por meio de perguntas, que vamos abordar mais adiante, os vendedores podem identificar o problema do cliente bem como outras necessidades que ele nem sabia que tinha. Dessa forma, o vendedor pode vender uma solução melhor e fidelizar o cliente.

   O mais importante, neste momento, é reconhecer o tipo de venda da sua empresa e entender que, para cada um deles, é necessário desenvolver objetivos, estratégias e estrutura apropriados, de forma que o negócio alcance o sucesso desejado.

Vendas e objetivos estratégicos

É importante compreendermos que a estratégia da organização serve de farol para a definição dos objetivos estratégicos de vendas.

Sendo assim, devemos acordar a respeito do conceito de estratégia. Hambrick e Fredrickson (2005) definem estratégia como "um conjunto integrado de escolhas para o alcance de um ou mais objetivos". Tais escolhas são múltiplas, e nenhuma delas vem com garantia de sucesso, cabendo aos gestores escolherem aquela com maior chance de gerar um desempenho superior.

Definida a estratégia da empresa, deve-se então pensar em meios para atingi-la. O planejamento estratégico deve envolver todas as áreas da empresa, especificando o que cada setor/departamento deverá executar. Esse é o momento em que os gestores da área de vendas definem o planejamento estratégico de vendas e os objetivos da área, tudo alinhado ao plano estratégico macro da empresa. A comunicação e a apresentação desse planejamento devem ser realizadas, preferencialmente, para toda a empresa ou, pelo menos, para os líderes de cada departamento, de modo que seja possível construir metas e objetivos comuns e, dessa forma, garantir que todos estarão caminhando na mesma direção.

É importante ressaltar que os objetivos estão vinculados às metas, e as metas são o meio para atingir os objetivos. Por esse motivo, é muito importante que as metas sejam claras, específicas e tenham prazo determinado para serem cumpridas. Estamos falando do conceito Smart, que será abordado posteriormente.

Para definir bons objetivos estratégicos de vendas, o alinhamento com a área de marketing é fundamental. Não deve existir competição entre nenhum departamento da empresa/organização, sobretudo entre vendas e marketing. Com a evolução dos mercados e das empresas, a área de marketing passou de uma prestadora de serviços da área de vendas para uma área com atuação mais estratégica, cooperando com vendas na criação do valor percebido pelo cliente. O plano estratégico de marketing define questões relacionadas a produtos/serviços, estratégias de preço, distribuição e logística, comunicação e construção da marca. Todas essas atividades devem estar de acordo com o plano estratégico da área de vendas.

Atualmente, mais do que nunca, o valor percebido pelo cliente passa do produto/serviço para a forma como ele o adquiriu. Neil Rackham e John de Vicentis (2007) afirmam que os executivos de vendas têm como missão principal criar valor, e não apenas comunicar valor, como convencionalmente se crê. Essa missão decorre do fato de os produtos e serviços terem se tornado mais substituíveis. É a chamada "comoditização". Assim, é necessário buscar a integração das ações de vendas com as de marketing para conhecer as tendências do mercado, as necessidades dos clientes e as técnicas adequadas. Dessa forma, juntos, vendas e marketing podem desenvolver objetivos estratégicos que resultarão em melhores vendas e permitirão atingir objetivos mais amplos, como a fidelização dos clientes.

Apoiada nessa relação em que o marketing procura entender e identificar as necessidades dos clientes e do mercado, a área de vendas vai buscar seus clientes nesse mercado. Além disso, dependendo do momento da empresa e do seu mercado, é possível, então, definir os objetivos estratégicos mais assertivamente, como:

- aumentar o faturamento da empresa;
- melhorar o índice de satisfação dos clientes;
- converter 80% dos contatos realizados;
- melhorar a penetração em determinada região em 20%.

O mais importante é definir os objetivos de forma que sejam claros e que possam ter metas passíveis de acompanhamento.

Vendas: estratégias e ferramentas

Para adequada definição da melhor estratégia de vendas, considerando as características de sua organização e do seu mercado de atuação, os tomadores de decisão apoiam-se na utilização de determinadas ferramentas e técnicas. No entanto, antes de apresentarmos essas ferramentas, faz-se necessário estudarmos tanto o ambiente externo à organização quanto o ambiente interno, sobre o qual ela tem um nível maior de controle e gerenciamento.

> É competência dos gestores ter uma visão de contexto e enxergar além das questões do dia a dia.

Realizar o diagnóstico ou a análise organizacional é uma das etapas mais importantes quando se está realizando o planejamento estratégico, uma vez que, por meio dessa ação, busca-se compreender os fatores e as situações que afetam o contexto da organização em dado momento. Sendo assim, esse diagnóstico tem como objetivo entender o problema e identificar suas causas. O entendimento do ambiente organizacional perpassa o conhecimento profundo do negócio da empresa, de sua cadeia de valor e de sua estrutura organizacional, bem como de sua cultura. Só assim é possível ter uma compreensão da organização e de suas perspectivas internas e externas, de modo a traçar um plano efetivo.

Análise de mercado: microambiente e macroambiente

O microambiente envolve variáveis externas (não controláveis) e variáveis internas (controláveis). As variáveis externas são aquelas que têm a capacidade de mudar o nível de competitividade da organização, como:

- concorrência;
- público-alvo;
- fornecedores;
- prestadores de serviço.

Já as variáveis internas, passíveis de controle pela organização, são:

- produção;
- financeiro;
- recursos humanos;
- estratégias de marketing.

O macroambiente, por sua vez, é impactado por questões mais complexas e totalmente incontroláveis por parte da organização, como as questões sociais, econômicas, políticas e legais. Esses fatores podem, da noite para o dia, impactar o funcionamento da organização de forma positiva ou negativa. Observar o que a pandemia de Covid-19 fez com o mercado mundial de uma forma geral é um bom exemplo disso. Nesse sentido, ressalta-se a importância de realizar a análise de mercado buscando antecipar-se às mudanças que sempre farão parte da nossa vida. A única certeza que temos é esta: as coisas mudam. Nós só não sabemos a velocidade com que tais mudanças irão nos afetar.

A organização só conseguirá alcançar os objetivos e resultados positivos em relação à sua estratégia de vendas se seus gestores absorverem, com clareza, a necessidade de, a todo tempo, realizar esse estudo de mercado e adaptar a estratégia conforme as leituras e os estudos realizados. O papel do gestor se assemelha ao do capitão de um barco: ele precisa seguir na direção do vento; pode mudar a rota, procurando mares mais calmos ou caminhos mais curtos, com perigos desconhecidos, mas essas são escolhas que só o capitão pode definir, buscando chegar ao seu destino. De modo análogo, os gestores devem analisar o mercado e encontrar a melhor forma de alcançar os objetivos definidos por sua empresa.

Com o objetivo de alcançar resultados positivos, a análise do microambiente procura identificar como se comportam os departamentos da empresa (variáveis internas) e também os fornecedores, os clientes, os concorrentes e o público-alvo (variáveis externas, não controláveis). Seu maior foco está em captar as informações necessárias ao desenvolvimento de estratégias eficientes. Levantando as informações dos seus departamentos bem como as das variáveis externas, os gestores terão indicadores que lhes permitirão elaborar estratégias mais eficientes para atingir seus objetivos.

Sendo assim, para desenvolver a análise de microambiente, o gestor precisa ser capaz de responder a perguntas como:

- Qual é a capacidade de produção da sua empresa?
- Como sua área de vendas opera?
- Como tem sido o desempenho de suas estratégias de marketing?
- Quais são as vantagens dos concorrentes perante sua organização?
- Qual é seu público-alvo?

Tendo todas essas respostas e sendo capaz de analisá-las e interpretá-las de forma lógica, o gestor poderá planejar as estratégias da área de vendas. Para que isso ocorra de modo mais assertivo, é fundamental que ele ouça seu time e busque a construção conjunta desse planejamento.

Como mencionado, o macroambiente de uma organização é formado por variáveis não controláveis (externas), que são bem mais complexas que as variáveis do microambiente. Entre essas variáveis externas estão forças como o ambiente demográfico, as questões econômicas, o ambiente natural, o ambiente tecnológico, questões políticas e legais bem como o ambiente cultural. Vejamos, a seguir, como se compõem esses ambientes e de que forma podem afetar as estratégias organizacionais.

1) *Ambiente demográfico* – O ambiente demográfico é relativo à população e aos seus dados (tamanho, idade, sexo, etnia, localização e todos os dados estatísticos importantes para a empresa), considerados essenciais para que o negócio saiba como se comportam os indivíduos que constituem o mercado. As questões econômicas também são importantes e englobam o comportamento do consumidor (hábitos de compra) e os fatores que podem afetar seu poder de compra (uma crise financeira, por exemplo, pode retrair o mercado de forma considerável).
2) *Ambiente natural* – O ambiente natural é composto dos recursos naturais (insumos) que os profissionais da empresa utilizam como subsídio. Tais recursos devem ser utilizados com muita consciência, pois a forma como a organização lida com eles pode influenciar o meio ambiente de forma positiva ou negativa.

   O posicionamento da organização quanto ao uso de recursos naturais tem sido muito explorado pela área de marketing, uma vez que os consumidores atuais têm uma preocupação cada vez maior com a sustentabilidade do meio ambiente.
3) *Ambiente tecnológico* – O ambiente tecnológico se refere à pesquisa e ao desenvolvimento técnico-científico como ferramenta para que a organização obtenha sucesso. A tecnologia está ligada à inovação, a novas oportunidades de vender e relacionar-se com os clientes. Pode também se tornar uma nova oportunidade de mercado quando, por exemplo, a or-

ganização é capaz de inventar algo disruptivo, que abra um novo espaço para seu desenvolvimento.

4) *Ambiente político-legal* – O ambiente político-legal envolve as leis, questões governamentais e pressões que são capazes de limitar as organizações e os indivíduos. As empresas têm suas operações reguladas e limitadas por legislações; logo, estas não podem sair do radar dos gestores, pois qualquer alteração pode afetar muito tais operações.
5) *Ambiente cultural* – O ambiente cultural engloba as instituições e forças que têm o poder de afetar os valores básicos da empresa bem como o modo como a sociedade enxerga o negócio, as preferências desse público e como ele se comporta.

Todas essas forças compõem o macroambiente e têm a capacidade de afetar, de forma positiva ou negativa, as ações de venda desenvolvidas por uma organização.

A análise do macroambiente é realizada para que a empresa conheça as tendências e observe como se comportam as forças do seu macroambiente (o ambiente demográfico, as questões econômicas, o ambiente natural, o ambiente tecnológico, as questões políticas e legais bem como o ambiente cultural). Dessa forma, para se aprofundar nessa análise, a organização deve realizar pesquisas e estudos mais complexos, buscando diferentes fontes de informação para obter o maior volume de dados possível e, dessa forma, desenvolver ações de venda mais eficazes.

Por esse motivo, como vimos, é necessário conhecer o ambiente demográfico em que sua empresa atua, analisando o tamanho da população, por exemplo. A situação econômica e a concentração de renda também são dados importantes, pois podem afetar o poder de compra dos consumidores. Além disso, é essencial obter dados sobre os recursos naturais, buscando saber se são raros e, em caso positivo, saber como a equipe de marketing trabalhará o tema.

Verificar de que forma o desenvolvimento e a pesquisa se dão por parte do negócio, a fim de alavancar a lucratividade e rentabilidade, é também uma ação importante, assim como conhecer as questões políticas e legais que limitam as atividades (alguma regra nova que possa afetar a empresa). Por fim, conhecer o contexto cultural em que a organização se encontra é, do mesmo modo, imprescindível para o desenvolvimento de ações de venda efetivas.

É necessário pensar a respeito dos temas abordados para desenvolver ações e iniciativas de vendas com planejamento, organização e objetividade. As forças externas do macroambiente devem ser conhecidas e discutidas pelas equipes de marketing e vendas para que, juntas, possam elaborar as melhores estratégias possíveis.

Existem importantes técnicas e ferramentas que auxiliam na construção e no desenvolvimento desses estudos, sendo importante ressaltar que elas podem ser utilizadas não só no preparo do planejamento estratégico de vendas, mas em várias áreas da empresa. O importante aqui é o foco, a profundidade e, principalmente, a capacidade de análise crítica das pessoas que as utilizarem. A seguir, apresentaremos as principais ferramentas e técnicas que podem ser utilizadas para o desenvolvimento dos planos estratégicos.

Matriz Swot

Quando nos deparamos com um cenário em que devemos fazer algum tipo de escolha, é comum avaliarmos os ganhos e as perdas – refletimos nesse sentido quase naturalmente – e, ao mesmo tempo, pensarmos sobre as probabilidades de algo dar certo ou errado. Esses são os conceitos que a matriz Swot nos traz.

A matriz Swot é a ferramenta adequada à compreensão da realidade das empresas, fornecendo dados sobre os ambientes interno e externo que auxiliam no reconhecimento das forças e fraquezas da organização bem como na identificação das oportunidades e ameaças que esta pode vir a enfrentar. Quando usada de forma correta, pode fornecer boas oportunidades para melhoria do desempenho da empresa e servir como ponto de partida para torná-la mais competitiva no mercado.

Por ser uma ferramenta simples e prática, a matriz Swot pode ser usada em empresas de qualquer porte ou segmento de mercado. O nome Swot provém de quatro palavras em inglês que começam com as letras desse acrônimo. São elas:

- *strenghts* – forças;
- *weaknesses* – fraquezas;
- *opportunities* – oportunidades;
- *threats* – ameaças.

A seguir, analisaremos o correto uso dessa ferramenta, o que envolve responder a determinadas perguntas. Cabe ressaltar a importância de tais perguntas serem analisadas e respondidas com franqueza e bastante precisão. Aliás, não basta respondê-las; é fundamental que, ao final da análise, avaliem-se as respostas e que se conclua com um plano prático de ações a serem implementas com o objetivo de aproveitar, de forma prática, as questões identificadas. Vejamos:

S – *strenghts* (forças):

- Quais são as vantagens que sua empresa tem?
- Em que sua empresa se destaca?
- Que recursos exclusivos ou de menor custo sua empresa tem e os concorrentes não têm?

W – *weaknesses* (fraquezas):

- O que sua empresa precisa aprimorar?
- O que sua empresa não deve fazer?
- Que fatores fazem você perder vendas?

O – *opportunities* (oportunidades):

- Que oportunidades sua empresa consegue encontrar?
- Que tendências interessantes existem próximas ao seu negócio?
- Que oportunidades podem surgir de inovações tecnológicas?

T – *threats* (ameaças):

- Em que seus concorrentes estão investindo?
- A inovação tecnológica está ameaçando a posição da sua empresa?
- Novos produtos ou concorrentes estão entrando no mercado?

Na figura a seguir, demonstramos como a matriz Swot deve ser utilizada durante a definição dos objetivos estratégicos de uma empresa.

Figura 1
Matriz Swot

Fonte: Adaptada de Kotler (2000).

Ao realizar a análise do ambiente externo em busca de oportunidades e ameaças, bem como a análise do ambiente interno para o reconhecimento de suas forças e fraquezas, a empresa pode definir melhor seus objetivos estratégicos.

Cinco forças de Porter

Em complemento à análise Swot e com o objetivo de avaliar o grau de competitividade do mercado, podem ser utilizadas as cinco forças de Porter, ferramenta que, apesar de ter sido desenvolvida por Michael Porter nos anos 1970, conta com total aplicabilidade nos dias atuais, uma vez que permite realizar uma análise setorial que aponta se o negócio está ou não inserido em determinado setor. Dessa forma, permite à empresa ter uma visão mais ampla da concorrência e aprimorar sua estratégia.

Toda organização precisa saber lidar com a concorrência, uma vez que sempre está disputando o interesse e a atenção dos mesmos clientes. Por isso é fundamental que os gestores identifiquem quem são os concorrentes diretos e os acompanhem de forma rotineira procurando entender suas estratégias. Outra função dessa ferramenta é a averiguação de novos produtos que possam ameaçar os interesses da organização e, pelo grau de inovação, possam também impactar o mercado com um todo. É impressionante a quantidade de empresas que tiveram seus negócios impactados e até mesmo arruinados por não realizarem essa analise de mercado, isso ratifica a utilidade da ferramenta.

Na figura a seguir, apresentamos, de forma ilustrativa, como as cinco forças de Porter se relacionam e como a utilização dessa ferramenta pode proporcionar melhores resultados quando da definição da estratégia de negócios.

Figura 2
Cinco forças de Porter

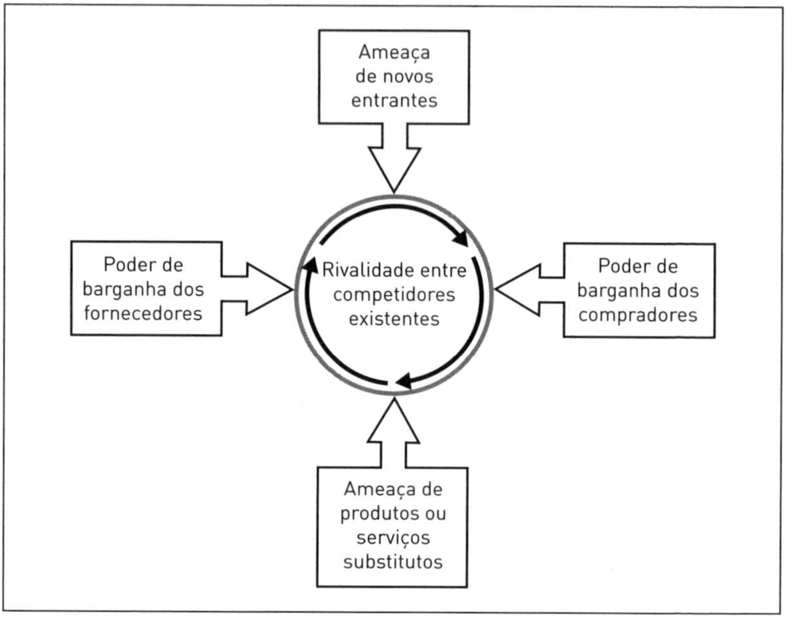

Fonte: Adaptada de Porter (1989).

Essa ferramenta pode ser utilizada em qualquer segmento de negócio para determinar a estratégia corporativa e buscar rentabilidade e atratividade. A seguir, são detalhadas as cinco forças que a compõem:

1) *Rivalidade entre competidores existentes* – Essa força analisa o número de concorrentes e sua capacidade de ameaçar uma empresa. Quanto maior for o número de concorrentes, assim como o número de produtos e serviços que oferecem, maior será o poder da empresa. Conhecer os concorrentes e as estratégias que desenvolvem é primordial, pois, a partir dessas informações, podem-se desenvolver estratégias para se destacar no mercado que está em disputa bem como analisar

as vantagens adquiridas pelos concorrentes, avaliando suas táticas e falhas.

Um exemplo de rivalidade entre competidores existentes que tem gerado um grande benefício para os clientes é a disputa entre quem tem o melhor celular – a *Apple* ou a *Samsung*.

2) *Ameaça de novos entrantes* – Novos entrantes ou novos concorrentes podem afetar o mercado de uma empresa. Quanto mais rápida e barata for a entrada de um concorrente no mercado, maior é a ameaça à posição da empresa. Nessa análise, é sempre importante buscar entender se existem barreiras à entrada e se essas barreiras são capazes de sustentar ou, pelo menos, dificultar a entrada de novos concorrentes.

   O melhor exemplo de novos entrantes é o que o Uber fez com os taxistas. Quem poderia imaginar que algo tão disruptivo pudesse acontecer em uma indústria tão consolidada e, a princípio, sem diferencial competitivo algum?

3) *Poder de barganha dos fornecedores* – Essa força representa o poder que os fornecedores têm de impactar a empresa: quanto menor é o número de fornecedores e quanto mais uma empresa depende deles, mais poder eles detêm.

   É necessário identificar o impacto que seus fornecedores têm em relação ao seu produto e ao desenvolvimento do seu negócio. Para garantir a sustentabilidade do seu negócio, é importante verificar quantos fornecedores existem e com quantos deles sua empresa tem relação. É saudável comparar preços, prazos de entrega e qualidade.

   Podemos exemplificar essa situação com um exemplo muito real, referente à vacinação contra Covid-19: a falta de insumos para a indústria farmacêutica. Isso posto, percebemos a importância de ter uma rede de fornecedores maior, de forma que sua indústria não dependa de um único fornecedor para produzir e atender às demandas.

4) *Poder de barganha dos compradores* – Essa força lida, especificamente, com a capacidade de os clientes conduzirem os preços para baixo. Ela é afetada pelo número de consumidores que uma empresa tem, pelo quão importante cada cliente é e por quanto custaria para um cliente mudar de uma empresa para outra. Quanto menor e mais poderosa uma base de clientes é, mais poder detém sobre o negócio.

   Para exemplificar essa relação, podemos pensar na situação das empresas que têm um pequeno número de clientes que corresponde a um grande percentual da sua receita, como acontece com alguns escritórios de advocacia e seguradoras. Nesse caso, se um cliente resolve ir embora, a capacidade de a organização sobreviver pode ser afetada. Então o melhor a fazer é distribuir melhor a receita, buscando não deixar a perda de um cliente afetar demasiadamente a sustentabilidade do negócio.
5) *Ameaça de produtos ou serviços substitutos* – Se o serviço oferecido por uma empresa passa a ser também oferecido por um concorrente ou mesmo passa a ser realizado pelo próprio cliente, a companhia pode ser enfraquecida.

   Essa situação pode ser exemplificada observando o impacto das novas tecnologias: atualmente, temos acesso a filmes via streaming que, antigamente, só seriam assistidos se fôssemos ao cinema. Certamente, esses novos canais estão ameaçando não só os cinemas, mas também as próprias redes de televisão.

Além dessa análise, Porter propõe uma visão estratégica sobre três tipos de posicionamento possíveis: custos, diferenciação e enfoque. Essas modalidades de posicionamento podem ser de grande ajuda no desenvolvimento das futuras estratégias, pois se fundamentam na escolha de um diferencial em relação à concorrência que leve o cliente à percepção de valor. Para tanto, é fundamental que as áreas de marketing e vendas estejam alinhadas e preparem uma proposta única de valor.

Dois dos três posicionamentos possíveis, custos e diferenciação, não podem ser realizados simultaneamente. Há também o terceiro posicionamento – por enfoque – que antecede os demais. A seguir, detalhamos cada uma das modalidades citadas:

1) *Posicionamento de custos* – Ao assumir esse tipo de posicionamento, a empresa busca a eficiência (realizar as tarefas bem-feitas), a maximização de volume bem como o controle da distribuição da renda publicitária e de pesquisas. Visa obter os menores custos e, dessa forma, refletir um preço final menor do produto/serviço ofertado ao cliente. As organizações que optam por essa estratégia estão, normalmente, procurando aumentar sua participação no mercado (*market share*), reduzindo seus custos e melhorando sua eficiência para assim se destacarem em relação à concorrência.

   Um bom exemplo, são os produtos chineses a que temos acesso a baixo custo, o que só é possível devido à grande quantidade de produção em que as empresas chinesas investem.
2) *Posicionamento por diferenciação* – Nesse caso, a organização procura investir na sua imagem, nos seus canais de distribuição (buscando canais alternativos), na capacitação dos funcionários (visando à qualidade), em pesquisas de mercado (buscando inovação) e na assistência técnica. Esses investimentos têm por objetivo oferecer aos clientes melhores opções, produtos e serviços que se diferenciem dos existentes no mercado e que lhes ofereçam algo único.

Essa abordagem procura incluir a construção e criação de uma marca singular por meio da utilização de novas tecnologias no processo de produção, na criação de características únicas para o produto, na distribuição e na utilização de serviços exclusivos.

Esse tipo de posicionamento visa conquistar a fidelização e lealdade dos clientes, pois, sabendo que esse fornecedor sempre lhes entregará o que procura, o cliente não vai ao mercado buscar opções e sempre volta. Dessa forma, é possível estabelecer uma relação baseada na admiração, pois o cliente recebe um atendimento diferenciado e sabe que sua satisfação estará sempre em primeiro lugar para a área de vendas.

Um exemplo de como o posicionamento por diferenciação funciona na prática é a utilização das ferramentas de relacionamento. Com elas, pode-se construir um banco de dados e monitorar os hábitos de compra dos clientes. Dessa forma, tem-se a possibilidade de desenvolver campanhas de venda com ofertas personalizadas e preços especiais para públicos definidos, como mulheres, adolescentes, homens etc.

3) *Posicionamento por enfoque* – Procurando aprimorar estratégias anteriores e torná-las mais fortes, nesse posicionamento, a empresa busca um alvo específico, conforme a segmentação e outras características do mercado, para oferecer um produto ou serviço exclusivo, que vá ao encontro do que esses clientes desejam. Conhecendo muito bem seu público-alvo, a organização consegue entregar uma solução ao cliente que a promoverá a uma posição muito confortável: de única fornecedora de determinada solução, algo que todas as organizações almejam.

   Nessa estratégia, em que irá trabalhar um nicho, a organização terá de optar entre uma abordagem de diferenciação ou custo. A política do marketing mix (os quatro Ps – preço, produto, praça e promoção) terá de refletir as definições estratégicas da área de vendas, pois, para que essa área tenha sucesso, o cliente precisará identificar o valor do produto ou serviço.

O melhor exemplo desse posicionamento são as empresas que exploram nichos específicos, tais como alimentos sem glúten e sem lactose, ou o segmento de suplementos para atletas.

Depois de analisar o mercado externo, mapear suas forças e fraquezas, rever o contexto em que se encontra e as estratégias de posicionamento que pode assumir, a organização deve identificar as estratégias de manutenção ou crescimento do negócio, o que pode ser feito por meio da matriz Ansoff, apresentada em sequência.

Matriz Ansoff

Criada por Igor Ansoff, a matriz de Ansoff busca identificar, sobretudo, oportunidades de crescimento considerando as situações detalhadas a seguir:

1) Mercado existente *versus* produtos existentes – Consiste em aumentar a penetração de mercado. Uma estratégia de descontos pode ser uma opção de curto prazo, porém pode fazer a diferença. Tomemos como exemplo as empresas que vendem imóveis: atualmente, a única possibilidade de elas aumentarem sua participação no mercado é via melhores condições de pagamento ou preços mais acessíveis.
2) Mercado existente *versus* produto novo – Esse quadrante foca o desenvolvimento de produtos. Por meio de pesquisa e desenvolvimento, pode-se expandir a linha de produtos existente. É fundamental que a empresa tenha um profundo conhecimento do seu mercado atual e consiga identificar as novas demandas, ao mesmo tempo que é capaz de oferecer

soluções para tais demandas. Nesse caso, podemos citar como exemplo as empresas de cosméticos, que estudam muito bem seu mercado, conhecem profundamente os clientes e apostam no desenvolvimento de produtos para atender a novas demandas e, dessa forma, aumentar sua participação no mercado.

3) Mercado novo *versus* produto existente – A estratégia se concentra em desenvolver um novo mercado, talvez uma expansão geográfica. A ideia é aproveitar os produtos já existentes e oferecê-los em novos lugares. Para ter sucesso nessa estratégia, deve-se aprofundar o estudo do mercado, buscando entender o tamanho desse mercado e o perfil dos consumidores, pois esse esforço necessita ser rentável. Um caso emblemático de sucesso, que não só abriu um novo mercado, mas também revitalizou a marca, foi o das sandálias Havaianas: bastou oferecer o produto, que estava quase esquecido, em um novo mercado para que ele fosse desejado novamente.
4) Mercado novo *versus* produto novo – Envolve a necessidade de diversificação. Tem como foco a entrada em um novo mercado, com a inserção de novos produtos. Talvez ampliar a linha de produtos considerando outro público-alvo ou, até mesmo, criar um produto totalmente novo e um novo mercado, mas aproveitando o poder da marca. Para essa estratégia dar certo, são necessários um planejamento e um estudo de mercado minuciosos. É importante também separar a parte financeira da nova iniciativa, para não contaminar a existente.

O lado positivo dessa estratégia é a possibilidade de a organização explorar novos mercados e oferecer novos produtos ou serviços, agregando valor e, consequentemente, fortalecendo o relacionamento com o cliente.

É uma ótima estratégia para as empresas buscarem não só um aumento da sua produção, mas também a fidelização de seus clientes. A indústria de cosméticos faz isso muito bem. Por exemplo, uma vez que as mulheres já conhecem determinada marca e estão habituadas a utilizá-la, por que não lançar produtos que atendam seus filhos?

Podemos observar a matriz Ansoff na figura a seguir.

Figura 3

Matriz Ansoff

Produto / Mercado	Atual	Novo
Atual	Penetração no mercado	Desenvolvimento de produtos
Novo	Desenvolvimento de mercados	Diversificação

Fonte: Adaptado de Ansoff (1957).

> O segredo do sucesso de qualquer estratégia está na sua execução.

Apesar dos desafios do planejamento estratégico e das escolhas que precisam ser feitas, esse processo é mais fácil do que colocá-lo efetivamente em prática. Tornar o planejamento estratégico uma realidade requer muita disciplina e dedicação. As possibilidades de desenvolvimento de novos produtos, novos mercados e afins são inúmeras, mas o que tornará a estratégia uma realidade é a execução do planejamento.

Ciclo PDCA

Apresentado na figura a seguir, o ciclo PDCA auxilia a empresa a tornar a estratégia mais factível, fornecendo, de forma mais concreta, os resultados esperados. Aplicá-lo na área de vendas é muito positivo e traz inúmeros benefícios, pois organiza a área e oferece ao gestor uma forma de gerenciá-la, além de ajudar a otimizar o tempo dos vendedores, priorizar ações, corrigir eventuais problemas e direcionar o time todo para o alcance das metas.

O processo é muito simples, mas requer muita disciplina – aliás, para obter sucesso em qualquer estratégia ou planejamento, são fundamentais a disciplina quando da sua execução, o acompanhamento e as melhorias no processo.

Figura 4
Ciclo PDCA

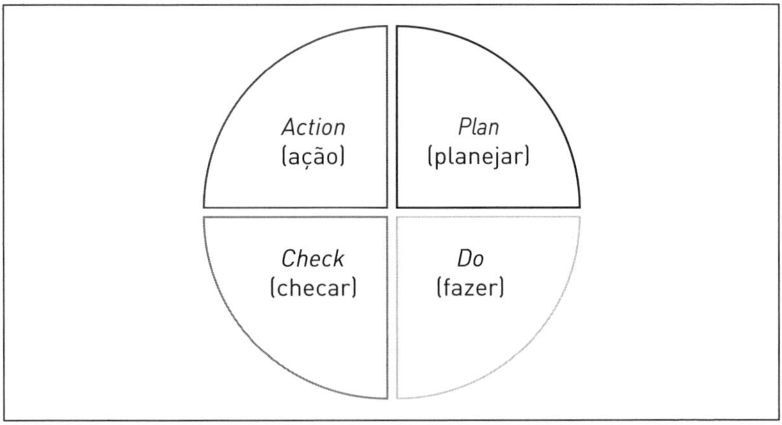

Fonte: Adaptado de Deming (1990).

O acrônimo PDCA significa "planejar, desenvolver, checar e agir" (*plan, do, check and act*). Por meio dessas quatro etapas, é possível promover mudanças nas estratégias da empresa bem como sua melhoria contínua.

O uso do ciclo PDCA é indicado e promove bons resultados em situações em que a organização deseja:

- implementar um modelo de melhoria contínua;
- desenvolver um novo projeto;
- definir um novo processo de trabalho; ou
- implementar qualquer mudança.

> O ciclo PDCA é muito simples e é indicado para garantir a execução e o alcance de metas.

Deve-se realizar cada etapa do ciclo da seguinte forma:

- *planejar* – reconheça uma oportunidade e planeje uma mudança. Estabeleça os objetivos e as metas bem como a metodologia para alcançá-los. Utilize ferramentas e todas as informações que estiverem ao seu alcance para lhe dar suporte nessa escolha, pois não se pode errar nesse momento; caso contrário, todo o processo ficará prejudicado;
- *desenvolver* – após realizar o planejamento, agora é hora da ação: informe, detalhadamente, como serão alcançados os objetivos. Quanto mais clara e simples essa etapa for, maior será a chance de sucesso;
- *checar* – monitorar a execução, acompanhar o desenvolvimento do que foi planejado e, principalmente, os resultados obtidos, que lhe darão a oportunidade de corrigir qualquer desvio de rota para garantir que os objetivos sejam alcançados;
- *agir* – aproveite as falhas identificadas na etapa anterior para verificar se as correções realizadas foram efetivas e, caso tenham sido, potencialize-as. Olhe o processo novamente, utilizando essas informações, e melhore. Dessa forma, no

próximo desenvolvimento, seu planejamento já estará em outro patamar e, consequentemente, sua organização estará desempenhando a melhoria contínua.

Se bem utilizadas, as ferramentas apresentadas podem contribuir muito no processo de desenvolvimento de novas estratégias bem como na sua revisão. Se forem aplicadas em conjunto com a equipe de marketing, tendem a proporcionar resultados ainda melhores, pois a política do marketing mix – os 4 Ps (produto, praça, promoções e preço) – irá refletir nas decisões estratégicas de vendas da seguinte forma:

- a forma de vender e distribuir deve estar alinhada aos produtos e serviços;
- os preços devem considerar os custos dos intermediários, ou seja, a forma escolhida para distribuição;
- as promoções precisam ser compreendidas por toda a força de vendas; afinal elas farão parte da comunicação de divulgação;
- a praça ou a logística que irá disponibilizar o produto no lugar certo e na hora certa necessita de estrutura e alinhamento comercial para dar suporte e atendimento ao cliente.

O fruto da união dessas duas áreas (vendas e marketing), compartilhando e trocando informações, pode resultar em algumas estratégias de venda. Vejamos:

- *estratégia de crescimento* – expandir a participação no mercado *(market share)* via:
  - conquista de novos clientes;
  - impulso de novos canais de comunicação;
  - oferecimento de produtos/serviços de alta qualidade;

- *estratégia de manutenção* – manter a participação no mercado e focar a diminuição dos custos por meio de:
  - melhores serviços;
  - fortalecimento do relacionamento;
  - manutenção dos clientes existentes.

Existem também duas metodologias de venda que são desenvolvidas dentro da própria organização e que estão ao alcance da força comercial e podem tornar-se poderosas estratégias de venda se bem trabalhadas. São elas:

- *cross selling* – tem como objetivo aperfeiçoar a experiência do cliente e fidelizá-lo, ou seja, na ocasião da oportunidade de venda, a empresa deve oferecer todos os produtos da sua cesta para tentar *blindar* o cliente. Um bom exemplo são os bancos, cujos gerentes de conta sempre têm um produto a mais para oferecer, como um seguro de vida ou um financiamento;
- *up selling* – tem como objetivo, novamente, aprimorar a experiência do cliente, mas, nesse caso, deve-se oferecer um produto melhor, com mais atributos e, dessa forma, possibilitar um acréscimo na venda.

Estratégias de inovação

Atualmente, as empresas vêm sendo forçadas a reinventar-se, e um dos aspectos organizacionais que mais é explorado para essa reinvenção é a capacidade de inovação. Sendo assim, apresentaremos, em sequência, dois conceitos de estratégia de inovação: incremental e radical.

Inovação incremental

A inovação incremental tem por objetivo melhorar um serviço ou produto que já existe. Promove melhorias de forma mais sustentável, sem a ruptura de grandes paradigmas. Logo, o cliente irá notar uma melhora no serviço ou produto sem acréscimos impactantes nos preços, visto que esse tipo de inovação busca meios de melhorar seu processo, diminuir seus custos de produção de modo que não impactem o modelo de negócios. O objetivo da inovação incremental é:

- diminuir os custos;
- otimizar processos existentes;
- melhorar o grau de satisfação dos clientes;
- aumentar as vendas e os lucros de produtos e serviços já existentes.

Essa estratégia também é uma forma de a empresa manter a competitividade no mercado, permitindo aos gestores pensar em inovações e, dessa forma, atender a novas demandas. É muito oportuno incluir a área de marketing e outros departamentos para auxiliarem na descoberta de possíveis inovações incrementais, pois, muitas vezes, quem não está envolvido diretamente tem uma visão melhor, principalmente do processo.

Para melhor compreendermos o que é uma inovação incremental, vamos observar alguns exemplos:

- *Apple* e sua geração de *Iphones* – A todo tempo, a Apple busca inovações. A cada geração de novos aparelhos, a marca traz uma câmera melhor, baterias que duram mais tempo ou novas funções.

- Fabricantes de automóveis – Esse setor busca utilizar a inovação incremental para deixar o produto competitivo e satisfatório. Nesse sentido, os fabricantes procuram criar carros mais econômicos, mais confortáveis ou, até mesmo, mais compactos.

Identificar os desejos dos clientes é muito importante para esse tipo de inovação. O cliente de hoje espera que, a cada compra nova de um produto existente, este já venha com alguma melhoria. Não é necessário nada radical, mas deve melhorar sua experiência com o produto ou serviço.

Inovação radical

A inovação radical é muito mais complexa quando comparada à inovação incremental, pois quebra paradigmas e muda, drasticamente, o produto/serviço ou, até mesmo, o próprio mercado. Quando ela ocorre, acaba por romper com os processos existentes, uma vez que transforma e até cria mercados totalmente novos.

Quando a organização investe nesse tipo de inovação, ela está buscando romper com seu mercado atual, ou seja, ao invés de ficar disputando uma fatia de mercado, ela passa a ter outro objetivo: criar um mercado totalmente novo e afastado da concorrência com que estava acostumada.

Os objetivos da inovação radical também são mais ambiciosos, como:

- pioneirismo;
- aumento do lucro;
- participação única em um novo mercado.

Bastante desejada pelas organizações, essa é uma estratégia com vantagens únicas e repleta de benefícios, porém é uma das mais difíceis de ser executada, pois requer muito investimento e não tem garantias de sucesso. Além disso, nela o processo de implementação pode ser demorado e arriscado, uma vez que estamos falando de algo totalmente desconhecido.

Destacamos, a seguir, dois exemplos de como essa prática funciona:

- *Carros elétricos* – Os carros elétricos são um bom exemplo da inovação radical de um produto, todavia os custos para sua implementação ainda são altos, demandando não apenas vontade da organização, mas também apoio político para ser colocado em prática.
- *Caso clássico da Kodak* – A Kodak lançou o primeiro rolo de filme comercial e a primeira câmera fotográfica em 1888, alcançando absoluto sucesso. A empresa transformou um processo demorado e repleto de complicações em algo simples e acessível para qualquer pessoa interessada.

Os dois casos citados são exemplos de inovação radical porque apresentam um alto grau de incerteza quanto ao *market share*. Assim como não era possível ter certeza de que as pessoas comprariam as máquinas fotográficas quando a Kodak as lançou, hoje ainda não é possível ter certeza de que as pessoas comprariam carros elétricos caso o custo de aquisição caísse.

A apresentação de inovações radicais aos clientes precisa ser muito bem estruturada, pois a maioria das pessoas fica apreensiva com mudanças drásticas. No entanto, quando se consegue apresentar, de forma clara e objetiva, a qualidade e os bons resultados de um produto ou serviço, o público-alvo se interessa em utilizá-lo sem nem questionar, ou seja, é conquistado.

Oceano azul

Ainda com enfoque em inovação, apresentamos a estratégia do oceano azul, que, basicamente, consiste em explorar um novo mercado em que há pouca ou nenhuma concorrência. Essa estratégia foi desenvolvida por W. Chan Kim e Renée Mauborgne e apresentada ao mundo em 2005.

De acordo com a proposta desses pesquisadores, os mercados consolidados, chamados de oceanos vermelhos, ficam saturados com o tempo, uma vez que as empresas passam a disputar os mesmos clientes e, muitas vezes, acabam por gerar estagnação e prejuízo. Considerando esse contexto, a proposta dos estudiosos é buscar um mercado em que ainda não exista essa concorrência.

> Segundo a estratégia do oceano azul, é necessário criar negócios inéditos, focando nichos de mercado ou descobrindo novas demandas antes da concorrência. Desse modo, as organizações podem criar valor com ideias inovadoras que, se bem implementadas, podem ser muito lucrativas.

Além da busca por novos nichos, a estratégia do oceano azul tem como característica principal a inovação. Nesse caso, as organizações buscam não mais a inovação radical, mas sim a disrupção, ou seja, buscam quebrar paradigmas e, dessa forma, criar um mercado completamente novo. Essa estratégia traz uma série de benefícios e, por isso, independentemente de seu tamanho, as organizações precisam considerá-la.

É natural que os gestores fiquem presos às estratégias atuais e aos modelos que estão funcionando nas suas organizações. No entanto, da forma como o mercado está atualmente e com a velocidade com que as coisas acontecem, eles precisam ter a consciência de que, associada à tecnologia, a inovação é uma arma poderosa para construção de seu planejamento estratégico, visando não só ao resultado positivo da organização, mas também à sustentabilidade do negócio.

A seguir, apresentamos as principais vantagens que a organização pode obter caso opte por utilizar a estratégia do oceano azul. Vejamos:

1) *Crescimento da empresa* – Ingressando em um mercado inexplorado, a organização tende a ter um crescimento exponencial, pois, se acertar na proposta de valor do seu produto ou serviço, conquistará clientes fiéis e leais à sua marca, dispostos a pagar pelo seu produto ou serviço inovador.

   Uma vez conquistado esse espaço, é importante continuar com a estratégia de inovação incremental, pois, ao abrir essa janela de oportunidades, muitas outras empresas irão tentar entrar nesse mercado, copiando ou tentando melhorar a proposta de valor do produto ou serviço ora ofertado. Para que isso não ocorra, a organização pioneira necessita manter sua estratégia de inovação e destinar muitos recursos à área de pesquisa e desenvolvimento, buscando assim diminuir a chance de os novos entrantes subtraírem uma fatia do seu mercado.
2) *Aumento da visibilidade da marca* – Toda organização que traz uma inovação radical, quiçá uma disrupção, conquista a atenção e a curiosidade não só dos consumidores, mas também da mídia. Essa atenção pode auxiliar na visibilidade da marca e, inclusive, apoiar a divulgação de outros produtos ou serviços que atendam a nichos mais concorridos.
3) *Fortalecimento da marca* – Apresentar-se como uma empresa inovadora contribui muito para fortalecer a marca, uma vez que a própria proposta de valor do produto ou serviço oferecido pela empresa já funciona como uma ferramenta de marketing. Isso facilita o trabalho de divulgação e auxilia

o cliente a reconhecer a qualidade dos produtos oferecidos pela marca em questão.

As organizações que desejarem implementar a estratégia do oceano azul necessitam ultrapassar algumas fronteiras. Vejamos:

1) *Considerar setores alternativos* – A organização precisa analisar se suas atividades podem entrar em conflito com outros produtos e serviços oferecidos por outros setores. Por exemplo, se sua organização é da indústria do cinema, uma alternativa ao cinema pode ser o teatro, que, por sua vez, pode ser uma alternativa a um *show*. Apesar de atuarem em setores distintos, cinema, teatro e *shows* são opções de entretenimento. Ter uma visão mais ampla da sua organização pode ajudar a descobrir novas oportunidades.
2) *Analisar a cadeia de compradores* – Quem irá utilizar o produto ou serviço? É importante compreender quem é o comprador e quem é o usuário, pois, às vezes, as organizações só miram o comprador, esquecendo-se de que o usuário pode ser uma grande fonte de novas oportunidades e demandas.
3) *Estudar as ofertas de produtos ou serviços complementares* – Agregar produtos ou serviços ao seu produto original pode ser uma grande fonte de inovação e, até mesmo, transformação para a organização. Por exemplo, a Amazon deu início às suas atividades como uma empresa para vendas e distribuição de livros *on-line*, mas hoje comercializa produtos diversos, incluindo brinquedos, eletrônicos, artigos de vestuário e acessórios. Além disso, a gigante do varejo *on-line* oferece serviços, como armazenamento de dados em nuvem, um canal de filmes (*streaming*) e uma assistente virtual chamada Alexa.
4) *Identificar os apelos funcionais e emocionais dos consumidores* – A organização deve ter, genuinamente, o interesse de escutar

seu público-alvo e buscar descobrir suas demandas para, dessa forma, comunicar e oferecer argumentos que convençam seus clientes e clientes potenciais de que a organização tem vantagens reais.

5) *Examinar os grupos estratégicos da empresa* – Avaliar as empresas e os profissionais que se destacam pelo seu desempenho, identificando as ações que eles realizam, é uma boa estratégia para alcançar uma performance de alto desempenho. Avaliar as qualidades competitivas dos grupos estratégicos do setor de atuação é uma forma de a empresa alcançar esse diferencial. Para que isso ocorra, deve-se entender o formato dos negócios bem-sucedidos e importar algumas estratégias para dentro de sua realidade organizacional.
6) *Analisar o transcurso do tempo* – Ficar preso no dia a dia e só olhar para dentro da organização é comum, mas é exatamente isso que os gestores não podem fazer, uma vez que inovações e mudanças no mercado podem afetar as empresas com o decorrer do tempo. É importante que os gestores fiquem atentos às tendências, pois, muitas vezes, podem surgir oportunidades ou a necessidade de antecipar mudanças no mercado. Caso o gestor não tenha essa preocupação, seu planejamento estratégico pode ficar ultrapassado muito rapidamente.

A estratégia do oceano azul traz uma grande vantagem competitiva para as organizações, pois possibilita que a empresa explore um mercado ainda inexplorado e se torne referência no setor. Por uma questão de sobrevivência e sustentabilidade da empresa, é papel do gestor identificar segmentos em que a demanda por determinados produtos ou serviços seja alta, mas a oferta seja limitada.

Muitas vezes, a oportunidade de lançar um produto ou serviço disruptivo está dentro da própria organização, mas, por falta de visão, os gestores não levam essas oportunidades adiante, optando por continuar a "fazer as mesmas coisas que sempre fizeram".

Todas essas estratégias têm impacto na construção do planejamento estratégico de vendas, na estrutura da força de vendas, na abordagem ao cliente e na forma de apresentar o produto/serviço. Por essa razão, é fundamental que os gestores compreendam as estratégias de comercialização que serão apresentas em sequência bem como as diferenças entre elas, de forma que possam estruturar a força de vendas de acordo com as opções escolhidas.

Estratégias de comercialização: vendas transacional e relacional

Transacional e relacional são as principais modalidades de atuação no processo de vendas, cada uma delas com seus benefícios. Seu sucesso depende, principalmente, da utilização correta e da categoria do negócio. É fundamental que os gestores e a força de vendas as compreendam, de forma que possam escolher a que melhor se alinha à visão estratégica da organização. Vejamos:

1) *Venda transacional* – Nessa modalidade, não existe preocupação com o desenvolvimento de um relacionamento com o cliente; é o cliente quem decide e controla o processo de compra, que é muito rápido e simples. Normalmente, o próprio cliente procura a empresa e faz o contato com a intenção de compra já estabelecida. Para tentar incrementar as vendas nessa relação, podem-se usar algumas ações, como promoções sazonais, descontos por quantidade e ou queimas de estoque.

   Um exemplo de venda transacional é o modelo de autosserviço, em que o cliente tem sua necessidade atendida de forma imediata. Essa necessidade pode ser ainda motivada ou aumentada por uma oferta atraente referente ao preço ou à condição de pagamento.

2) *Venda relacional* – Essa modalidade se opõe à de venda transacional porque nela existe uma enorme preocupação com o desenvolvimento do relacionamento com o cliente. Aliás essa é a base do modelo relacional, por meio do qual se procura estabelecer uma relação de longo prazo, objetivando a fidelização e vendas futuras. Nesse modelo, tanto os gestores quanto a força de vendas precisam desenvolver uma proposta personalizada, fazer uma entrega perfeita e, sempre que possível, superar as expectativas do cliente.

   Além disso, o processo de vendas é bem mais longo e, dependendo da complexidade do produto ou serviço em questão, o tempo entre o primeiro contato e a resposta referente à decisão de compra pode durar mais de um ano. O processo é também muito elaborado e precisa estar alinhado com o planejamento estratégico de vendas, pois é necessário construir um conjunto de estratégias que conte com elementos que vão desde uma estrutura física acolhedora até uma abordagem da força comercial mais voltada para uma consultoria, e não para um simples discurso de vendas.

Conceitos B2B e B2C

Atualmente, é muito comum ouvirmos tanto as pessoas em geral quanto os gestores e as gestoras falando sobre B2B e B2C.

Contextualizando, essa nomenclatura veio da área de marketing e invadiu os planejamentos estratégicos. Basicamente, esses dois conjuntos de letras representam as duas principais formas de realizar negócios no mundo: vender para empresas, mundo corporativo (B2B), ou vender para pessoas físicas, mundo do varejo (B2C).

Escolher para qual desses públicos seus produtos e serviços serão oferecidos faz parte da estratégia da empresa. Muitas organizações podem optar por mirar nos dois segmentos, porém é necessário compreender e estruturar um modelo de negócio para cada um deles. Como a abordagem de vendas e de marketing precisa ser única para cada um desses públicos, é importante que vejamos suas principais características, vantagens e desvantagens.

B2B

A sigla B2B vem do inglês *business to business* (em português, "de empresa para empresa") e refere-se às empresas que vendem para outras empresas. Nesse modelo, o objetivo é vender produtos ou serviços que serão transformados ou revendidos pelo comprador. Às vezes, o cliente é o usuário final, mas, na maioria das vezes, ele faz a aquisição com o objetivo de revender.

Existem três tipos de operação no modelo B2B:

- revenda – a indústria ou distribuidor vende seus produtos para revendas;
- transformação – a indústria vende seus produtos e insumos para outras indústrias;
- consumo – a indústria vende para o consumidor final por meio de um distribuidor ou atacadista (B2B2C).

Esse último tipo de operação é realizado pelos *marketplaces*, por exemplo, que vendem para o consumidor final a partir da negociação entre lojista e canal de venda – daí a sigla B2B2C (*business to business to consumer*). Nada impede que as empresas combinem diferentes modelos de transação e operem em formatos mistos de negócio; o importante é ter políticas comerciais claras para cada tipo de operação e não deixar que as operações entrem em conflito.

Começando pelas vantagens, esse modelo de negócio favorece:

- as vendas em grande volume e com frequência mais previsível;
- o relacionamento com o cliente de médio a longo prazo;
- um ciclo de venda bem determinado;
- o *ticket* médio maior do que no B2C.

Já as desvantagens principais, são:

- processo de venda mais complexo;
- precificação mais ajustada;
- clientela exigente;
- mercado mais específico.

No modelo B2B, os clientes se baseiam em questões racionais para efetivar as compras, de modo que a venda tende a ser mais complexa e com várias etapas. Entretanto, assim que a empresa consegue o cliente e estabelece um relacionamento com ele a tendência é de que este se mantenha fiel por mais tempo e realizando compras de grande volume.

As abordagens de vendas B2B são bem diferentes das ações B2C, desde o tipo de produto ou serviço oferecido até a complexidade da negociação. De forma geral, o vendedor B2B atua como um consultor, utilizando estratégias mais racionais para convencer o comprador corporativo. Sua abordagem tende a ser mais formal, com etapas bem definidas durante todo o ciclo de vendas – que costuma ser bem mais longo do que no modelo de varejo.

Uma das técnicas mais usadas para conseguir clientes corporativos é procurar indicações entre as empresas atendidas. Essa prática funciona porque o mercado industrial é restrito, e muitos negócios começam por recomendação.

A busca ativa por novos clientes também pode ser realizada a partir de buscas na internet, informações da imprensa sobre novas empresas expandindo ou adentrando o mercado, além de associações profissionais. Outra questão importante sobre as vendas B2B é a necessidade de visitar as empresas pessoalmente, para entender seu cenário com mais detalhes antes de apresentar uma proposta. Por meio dessas visitas, o vendedor consegue levantar informações importantes para preparar apresentações e demonstrações impecáveis destinadas a convencer o setor de compras da empresa.

Nesse modelo, assim como o processo de venda, o processo de compra também é mais burocrático e inclui diversas documentações, aprovações e trâmites para fechar o negócio. Isso acontece porque as decisões são baseadas, na maior parte das vezes, em demandas declaradas. Desse modo, o processo decisório nas vendas B2B é racional e leva em conta aspectos técnicos e de melhor custo/benefício, como qualidade, preço, condições de pagamento, adequação e outros. Precisa-se levar em consideração também que podem existir vários influenciadores na negociação, fazendo com que ela passe por diferentes pessoas e áreas na empresa. Dessa forma, em uma mesma venda, podem estar envolvidos os setores de compras, financeiro, produto e marketing, por exemplo.

Portanto, é fundamental que as estratégias de marketing B2B levem em conta a extensa cadeia que leva à decisão de compra. Buscando facilitar essa negociação, algumas práticas podem ser interessantes para esse modelo de negócio, como:

- vídeos (*lives*, aulas e *webinars*);
- textos (artigos, *blogs*, *posts* e *e-books*);
- *e-mail* marketing;
- eventos corporativos;
- redes sociais.

Aqui, é importante identificar os tomadores de decisão e direcionar as estratégias para gerar um conteúdo que racionalize o processo de compra, mostrando como sua empresa é a melhor escolha para o cliente.

B2C

A sigla B2C vem do inglês *business to consumer* (em português, "do negócio para o consumidor") e refere-se às empresas que vendem diretamente para o consumidor final. Esse é o modelo mais comum, que abrange, inclusive, o varejo e todos os seus segmentos. Ele está voltado para as massas, como as farmácias, as padarias e os mercados. O *e-commerce* também entra nessa categoria.

Uma das principais vantagens do modelo B2C é o *feedback* instantâneo. Em vendas diretas, a troca de experiência é muito mais rápida, oferecendo à empresa maior agilidade para melhorar os aspectos necessários. Por isso, deve-se trabalhar com canais de relacionamento com o cliente: atualmente, as redes sociais são uma ótima estratégia para nutrir o diálogo com o consumidor.

Outro ponto muito interessante que a venda B2C oferece é a experiência do cliente. Em um mundo cada vez mais frio, dada a entrada de processos totalmente automatizados, as pessoas prezam cada vez mais pela humanização por parte das marcas e querem ser vistas de verdade, portanto trabalhar com a personalização no varejo é a chave para o sucesso. Pequenas atitudes, como chamar o cliente pelo primeiro nome, mostrar que você o escuta de verdade, compreender suas necessidades e vender o produto no momento oportuno, sem o movimento de empurrar "goela abaixo" alguma coisa, são ações capazes de aumentar infinitamente a satisfação do comprador.

Da mesma forma que o B2B, o B2C também tem suas vantagens e desvantagens.

Vantagens:

- processo de venda mais simplificado;
- motivação emocional para a compra;
- grande frequência de aquisição;
- amplo mercado.

Desvantagens:

- *ticket* de venda menor;
- relacionamento de curto ou curtíssimo prazo;
- maior imprevisibilidade para as vendas;
- grande esforço de negociação.

A relação B2C exige que as empresas tentem se aproximar, com frequência, dos consumidores. Logo, o marketing tem um papel fundamental para que isso aconteça e deve ser feito com considerável intensidade.

É muito importante o entendimento e a definição do modelo de negócio da organização (B2B, B2C ou ambos), pois em todos os casos será necessário que se trabalhem as técnicas da melhor maneira possível para atrair e fidelizar clientes.

Vendas e marketing

Como discutimos anteriormente, o departamento de vendas é responsável por gerar receita, e o departamento de marketing visa fortalecer o posicionamento da marca. Quando se fala em cliente, em relacionamento, esses dois departamentos precisam trabalhar juntos, e isso é inegociável. As duas áreas são tão conectadas que, muitas vezes (principalmente quando a organização é de pequeno porte), é complicado identificar onde uma começa e a outra termina.

Se sua empresa tem um departamento de marketing, provavelmente caberá a esse departamento iniciar o processo de prospecção e qualificação das oportunidades junto aos compradores dos produtos e serviços. Assim que todas essas oportunidades estiverem mapeadas e validadas, elas serão passadas à área de vendas, que dará continuidade ao processo. Essa é uma das possibilidades de união entre vendas e marketing.

As ações de marketing podem ser divididas em duas principais áreas de responsabilidade: estratégica e operacional. Vejamos cada uma delas:

1) Área estratégica – Na área estratégica, estão inclusas as decisões de análise e segmentação de mercado, a definição de produtos e serviços a serem oferecidos, os preços, os canais de distribuição e os meios de comunicação. Atualmente, com o advento da tecnologia, é o departamento de marketing que estrutura o posicionamento da organização junto às mídias sociais e pode ou não as utilizar também como um canal de distribuição para os produtos e serviços da organização. Podemos perceber que esses objetivos estão intrinsicamente relacionados às reponsabilidades dos vendedores.
2) Área operacional – A parte operacional envolve as ações de desenho e produção de materiais de comunicação bem como outras ações ligadas à própria execução de vendas: a gestão dos canais de venda (lojistas, atacadistas, distribuidores), o gerenciamento dos estoques desses canais de distribuição e a implementação de ações operacionais, como descontos de vendas, distribuição de prêmios e brindes, realização de sorteios e distribuição de amostras de produtos para degustação.

Por outro lado, a gestão da área de vendas também precisa analisar os 4 Ps (produto, praça, preço e ponto de venda) e considerar as melhores estratégias para atingir seus objetivos.

A segmentação de mercado é uma dessas estratégias e consiste, basicamente, em dividir um mercado heterogêneo, com diferentes demandas, em segmentos homogêneos, cujos consumidores têm desejos parecidos. O objetivo é diminuir a variação em cada grupo para facilitar o desenvolvimento de ações dirigidas a determinado público-alvo, o que também permitirá à organização atender seus clientes de forma mais eficiente.

A segmentação facilita a compreensão do mercado por parte dos gestores de marketing e vendas, bem como o entendimento de como os clientes realizam o processo de decisão de compra. O esquema a seguir resume, de forma objetiva, as estratégias de marketing, incluindo o processo de segmentação.

Figura 5

Processo da estratégia de segmentação

Segmentação de mercado:	Seleção de mercado-alvo:	Diferenciação e posicionamento da oferta:
1. verificar as possibilidades de diferenciação e 2. comunicar o mercado/ posicionar o produto.	3. checar a atratividade de cada segmento (potencial) e 4. escolher os segmentos--alvo.	5. verificar as possibilidades de diferenciação e 6. comunicar o mercado/ posicionar o produto.

Fonte: Adaptada de Castro e Neves (2018).

Há quatro principais tipos de segmentação. Vejamos:

1) Segmentação geográfica – Nesse caso, realiza-se a segmentação com base na localidade dos clientes, uma vez que as demandas podem ser diferenciadas. Esse é o tipo mais simples de segmentação e também o mais utilizado. Antigamente, quando o alcance das organizações era menor, essa forma de dividir os clientes era muito útil. Atualmente, com a tecnologia, esse cenário mudou um pouco.

2) Segmentação demográfica – Visa identificar a população/público-alvo para consumir os produtos e serviços. Nesse tipo de segmentação, divide-se a população considerando características como idade, sexo, ocupação e religião, por exemplo.
3) Segmentação psicográfica – Nesse caso, são utilizados o estilo de vida e as atividades realizadas pelas pessoas para segmentá-las. Com a evolução da sociedade, alguns nichos surgiram, como o de produtos e serviços especializados em idosos (a melhor idade) – uma vez que a expectativa de vida aumentou, esse público necessita de muitos produtos.
4) Segmentação comportamental – Nesse caso, a segmentação considera a forma como o cidadão vive e faz suas escolhas. A ideia é identificar, no comportamento das pessoas, novas oportunidades de mercado, como as trazidas pelo grupo dos vegetarianos, por exemplo.

A responsabilidade da área de marketing no desenvolvimento e na segmentação de mercado é total. No entanto, a execução – no sentido prático, do dia a dia – cabe à área de vendas, que inclusive será beneficiada pela segmentação.

No esquema a seguir, apresentamos, de forma resumida, as etapas do planejamento de marketing. Como podemos observar, várias dessas etapas estão contidas no planejamento estratégico de vendas, e não poderia ser diferente. No entanto, é importante destacar que as visões das áreas de vendas e marketing correlacionam-se e, por essa razão, os dois planejamentos se complementam. Ao compreendermos o escopo da área de marketing, percebemos que o alinhamento das duas áreas transforma a função do vendedor, tornando-a mais rica e alinhada à estratégia de negócios em que estão alocados.

Figura 6

Etapas do planejamento de marketing

Fonte: Adaptada de Kotler (2000).

Criação da cultura comercial

Assim como fizemos com o conceito de estratégia, é importante definirmos cultura organizacional para que, dessa forma, possamos explorar a cultura comercial. O criador da cultura organizacional, Edgar Schein (1992:12), a define da seguinte forma:

> [...] um padrão de pressupostos básicos compartilhados que o grupo aprendeu conforme resolvia os seus problemas de adaptação externa

e integração interna, e que funcionou bem o suficiente para ser considerado válido e, portanto, ser ensinado aos novos membros como uma maneira correta de perceber, pensar e sentir em relação a esses problemas.

Nesse sentido, entendemos que a cultura organizacional se refere ao reconhecimento de como as coisas são (crenças) e como deveriam ser (valores) e, com o tempo, fornece estabilidade e previsibilidade ao grupo, uma vez que reforça a forma correta de pensar, agir e resolver problemas.

Já a cultura comercial é o modo como os gestores e os vendedores exercem suas atividades, sendo considerada uma derivação da cultura da empresa. Sendo assim, o nível de acompanhamento, as rotinas, os rituais e as cobranças são parte dessa estrutura maior. Cabe à gestão da área comercial estabelecer o ritmo e alinhar a postura do vendedor, o nível de agressividade e o acompanhamento das metas, assim como o acompanhamento individual dos vendedores por meio de indicadores de performance.

> Para estabelecer a cultura de vendas e o alinhamento com toda a organização, é fundamental a criação de uma rotina e de uma boa comunicação.

O tamanho da empresa pode influenciar a rotina e a comunicação. No entanto, é importante destacarmos a necessidade de acompanhamento da área nos longo, médio e curto prazos.

O acompanhamento de longo prazo é feito pela direção da empresa e deve se concentrar nas melhorias estruturais, nas ambições e na estratégia comercial. Cabe à direção apontar o caminho. O acompanhamento de médio prazo, papel da gerência, foca a execução da estratégia, implementando projetos de melhoria, comunicando as diretrizes, acompanhando os resultados e ditando o ritmo da força de vendas. Por fim, no curto prazo, temos os vendedores, a linha de frente, aqueles que estão focados no dia a dia, nas visitas, nas negociações, nas ruas – os que, de fato, vendem.

Como mencionado, algumas estruturas comerciais podem ser pequenas, mas isso não impede que o gestor estabeleça uma rotina para ditar o ritmo da área. Apesar de todos os vendedores realizarem uma rotina muito parecida ao visitar clientes, preparar propostas, acompanhar negociações e, principalmente, vender, essas ações podem ter características diferentes. Temos de considerar a realidade e o ambiente de cada um, e isso é um grande desafio quando se trata de criar uma cultura comercial. Nesse ponto, o gestor entra como protagonista e deve, ao menos, estipular os seguintes encontros:

- *diário* – reunião rápida e objetiva, com o objetivo de monitorar o desempenho do dia a dia e antecipar/mitigar problemas;
- *semanal* – reunião mais tática, que tem foco no acompanhamento do fechamento dos negócios. É a reunião em que o gestor tem ideia da produção mensal e do quão perto ou longe está da meta. Essa reunião deve ocorrer nas segundas ou sextas-feiras, de forma que o gestor possa organizar melhor os esforços e redirecionar a equipe, buscando o fechamento da meta mensal; e
- *mensal* – encontro voltado para o fechamento do mês. Toda a equipe se reúne com os gestores e, sempre que possível, com a diretoria para apresentar os resultados do mês, as previsões, o atingimento da meta anual e eventuais desvios.

Esses encontros são fundamentais para alinhar estratégia, estrutura e cultura, e, como pudemos observar, esse alinhamento é necessário para que a estratégia de vendas possa atingir os objetivos estratégicos da organização.

2
Processos, estrutura e relacionamento

Processo de vendas

Para que a empresa obtenha sucesso na estratégia comercial, é primordial que tanto os gestores quanto os vendedores tenham total domínio do processo de venda, constituído de determinadas etapas.

O entendimento perfeito de cada etapa e sua execução com maestria é o que garantirá boa parte do sucesso da estratégia de vendas. O processo apresentado a seguir é uma rotina básica que, apesar de poder ser mais simples ou mais complexa conforme o tamanho da empresa e a complexidade do produto ou serviço ofertado, deve ocorrer independentemente dessas especificidades.

Figura 7
Processo de vendas

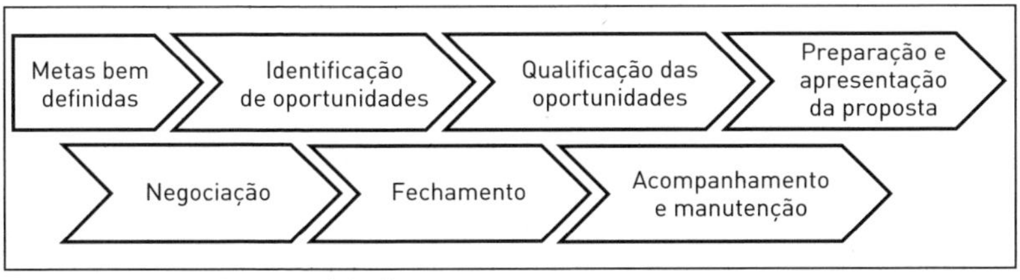

Fonte: Adaptada de Rackham (2011).

As sete etapas apresentadas no esquema a seguir representam o processo de vendas, que será detalhado em sequência. É importante dizer que essas sete etapas estão presentes tanto no modelo B2C como no modelo B2B. A questão, contudo, é a velocidade e a complexidade com que cada etapa acontece em cada modelo.

Metas bem definidas

A definição das metas é o primeiro passo a ser dado para que os objetivos sejam atendidos e, por essa razão, precisa ser muito bem realizada. O ideal é que o vendedor proponha sua meta com base no seu conhecimento de mercado e a discuta com seu gestor. Quando a meta é *top down*, ou seja, dada pelo gestor sem uma explicação lógica, a chance de sucesso é baixa.

A metodologia Smart, proposta pelo executivo americano George Doran, é uma ótima ferramenta para definir metas. O acrônimo Smart significa:

- *specific* (específico);
- *measurable* (mensurável);
- *attainable* (atingível);
- *relevant* (relevante);
- *time based* (temporal).

Figura 8
Metodologia Smart

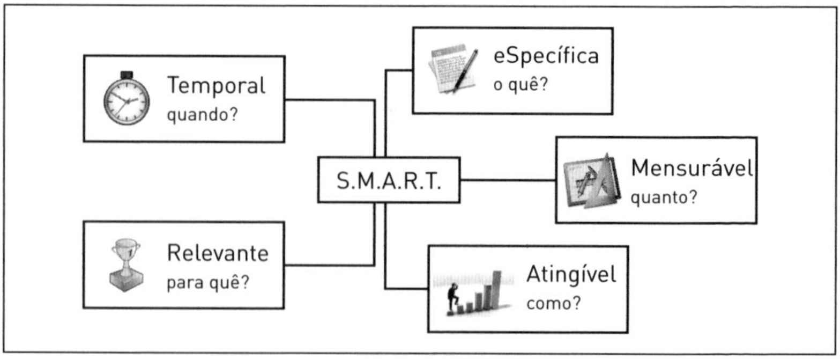

Fonte: Adaptada de Drucker (1984).

Segundo a proposta de Doran, no momento em que os gestores forem definir as metas, devem buscar responder às seguintes perguntas:

- Sua meta é específica? Como você vai alcançá-la?
- Sua meta é mensurável? Como será medida?
- Sua meta é atingível? Não adianta criar uma meta que nunca será alcançada; isso será muito desmotivador.
- Sua meta é relevante? Em outras palavras, ela é importante? Caso não seja importante, então por que é uma meta?

A seguir, apresentamos alguns exemplos de metas para sua reflexão. Analise-as e veja se são capazes de responder às perguntas apresentadas.

- Contratar mais cinco pessoas para área de vendas até dezembro deste ano.
- Diminuir em 50% os custos com aquisição de novos equipamentos em seis meses.
- Aumentar em 20% as vendas no mês de novembro em relação ao mesmo período do ano passado.
- Investir 15% do lucro do semestre anterior em quatro treinamentos para os colaboradores nos próximos dois meses.

> Metas precisam ser relevantes. Se seu valor não for percebido pelo time, este não se esforçará para alcançá-las.

Por último, há que se definir um prazo para execução da meta, e esse prazo precisa ser acompanhado e medido. Criar uma meta para atingir um objetivo sem estipular um prazo para alcançá-la, com certeza, levará ao não cumprimento dessa meta, pois outras atividades surgirão e você vai protelar. Para evitar a procrastinação, a meta precisa de um prazo e do acompanhamento do seu gestor.

> Lembre-se da ferramenta PDCA. Ela é poderosa e auxilia muito na execução de metas.

No processo de vendas, as metas são a base para que os vendedores saibam o tamanho do desafio e possam preparar-se para ir a campo buscar as oportunidades.

Neste ponto, é importante reforçarmos os conceitos de meta e objetivo, pois muitas vezes as pessoas confundem um com o outro ou acham que são termos sinônimos. Digamos que você queira viajar a Paris. Para fazer isso, você precisa comprar uma passagem, certo? Quanto tempo e dinheiro você pode guardar no mês? Respondidas essas perguntas vamos às metas e aos objetivos. Nesse caso, o objetivo é ir a Paris. Já as metas são economizar determinado valor por mês, durante x meses, para comprar a passagem e ir a Paris. Ficou claro? É muito importante compreender essa diferença, pois, ao definirmos metas, não podemos errar; caso contrário, podemos comprometer a performance de todo o processo.

Identificação de oportunidades

Identificar oportunidades ou clientes em potencial é o segundo passo do processo. Os vendedores precisam buscar, no mercado e na sua própria carteira de clientes, oportunidades para alimentar o funil de vendas (ferramenta que será analisada mais adiante). Nessa etapa, procura-se identificar se os clientes atuais ou futuros têm demandas que possam ser atendidas pelo produto ou serviço do vendedor. Também é importante entender se o momento do cliente é de compra – muitas vezes, no momento da abordagem, o cliente pode não estar interessado, mas pode vir a interessar-se futuro.

Nesse momento, procuram-se clientes que tenham o perfil de compra adequado ao produto ou serviço da organização e, por essa razão, é fundamental que o vendedor tenha total conhecimento do seu produto ou serviço. Só assim, ele conseguirá identificar as necessidades dos clientes e gerar oportunidades de negócio efetivas.

Seguem-se algumas considerações importantes, tomando-se em conta a diferença dessa etapa do processo nos modelos B2B e B2C. As vendas *business to business* (B2B) são destinadas às negociações de empresa para empresa. Portanto, as negociações acontecem entre pessoas jurídicas. Dessa forma, a prospecção B2B acontece no mundo corporativo, onde uma empresa vende um produto ou serviço a outra empresa. Já as vendas *business to consumer* (B2C) acontecem quando uma empresa vende um produto ou serviço ao consumidor final. Então, a prospecção B2C precisa alcançar o público final, promovendo negociações com uma pessoa física.

> A principal diferença na prospecção B2B e B2C é o público.

Enquanto numa empresa que comercializa produtos para empresas (B2B) o foco será em outras contas empresariais, uma empresa que comercializa produtos para o consumidor final (B2C), focará seus esforços para atender a uma pessoa física. Logo considerando-se este aspecto, a principal diferença na prospecção é a complexidade das estratégias.

De forma geral, prospectar clientes finais (B2C) é mais fácil, pois o ciclo de venda é muito mais curto. Inclusive podem-se utilizar algumas técnicas e estratégias emocionais que fazem com que o cliente realize compras por impulso. Isso já não acontece nas vendas B2B. Afinal, o perfil da venda neste modelo é mais complexo que naquele, assim como os relacionamentos, que são mais duradouros neste. Além disso, a decisão de compra, muitas vezes, passa por diversas pessoas até que a empresa receba um "sim".

No quadro seguinte, apresentamos algumas possibilidades de prospecção para os modelos B2B e B2C. Vejamos.

Quadro 1

Prospecção B2B *versus* B2C

B2B	B2C
Determine o perfil de cliente ideal (ICP).	Identifique o público-alvo.
Tenha um bom planejamento de atração e nutrição de *leads*.	Mapeie as *personas* do seu negócio.
Qualifique os *leads*.	Desperte o desejo de compra.
Trabalhe com o funil de vendas em Y.	Alinhe os times de marketing e vendas.
Cuide com carinho das suas listas de contatos.	Aposte em estratégias de vendas por impulso.
Treine muito seus colaboradores.	Crie promoções e descontos.
Invista em conteúdos estratégicos na linguagem mais adequada ao público.	Invista em bons programas de fidelidade.
Estabeleça ótimas réguas de relacionamento com os *prospects*.	Tenha um bom *script* de vendas.
Aposte no *inbound* e *outbound* marketing.	
Invista em bons relacionamentos.	
Estipule metas e métricas.	
Mensure e aperfeiçoe os resultados.	
Conte com a ajuda de uma plataforma de inteligência comercial.	

Fonte: Elaborado pela autora.

Qualificação das oportunidades

Uma vez identificada a oportunidade, é hora de qualificá-la, o que significa explorar, investigar, *conversar* e *ouvir* o cliente para descobrir ou, muitas vezes, provocar uma necessidade que nem ele mesmo sabia que tinha. Existe uma metodologia muito eficiente que auxilia os vendedores a se prepararem para esse momento: a metodologia *spin selling*, criada pelo britânico Neil Rackham, a qual iremos detalhar mais adiante. O método criado por Rackham ajuda na elaboração de perguntas, com o objetivo de descobrir de que o cliente necessita.

Essa metodologia pode ser usada nessa fase do processo de vendas ou em qualquer tipo de negociação. Se você estiver trabalhando ou vendendo um produto ou serviço de uma organização cujas vendas têm um ciclo longo, essa metodologia é mandatória. De todo modo, ela também pode ser aplicada no varejo, dado que o foco é a identificação da dor ou necessidade do cliente; a única diferença entre os modelos B2B e B2C é a velocidade com que isso acontece.

Preparação e apresentação da proposta

Dado que a etapa de investigação foi bem executada e todas as necessidades do cliente foram exploradas, é hora de preparar a proposta a ser apresentada. Nessa etapa, é fundamental checar se a solução proposta é aquilo de que o cliente necessita. Se a proposta é bem preparada e os benefícios que o cliente irá receber estão bem claros, a discussão por preço tende a ser menor.

Todo mundo deseja pagar menos pelo melhor produto ou serviço que puder encontrar. Nesse sentido, o vendedor deve ter domínio total dos diferenciais do seu produto e da sua organização, para deixar o cliente confortável e confiante de que está fazendo uma boa escolha, mesmo que o preço não seja o menor do mercado.

Negociação

Quanto mais bem executadas forem as etapas anteriores, menor será a possibilidade de haver objeções no momento da negociação. De qualquer forma, se as objeções surgirem, elas são uma ótima oportunidade de o vendedor, com muita calma, tirar todas as dúvidas e buscar, a cada ponto levantado, esclarecer a questão, demonstrando ao cliente que está do lado dele e oferecendo a melhor solução para suas necessidades.

Essa demonstração de apoio e a calma com que as respostas são dadas irão transmitir ao cliente duas coisas muito importantes: que o "trabalho de casa" foi feito, ou seja, que você buscou preparar a melhor solução, e que você está ali realmente para apoiá-lo, e não apenas para vender o produto e pegar o cheque.

Fechamento

O fechamento é a etapa mais desejada e, por isso mesmo, a mais difícil para alguns vendedores. O momento em que o cliente aperta a mão do vendedor e assina a proposta traz alegria, mas precisa de muita atenção. Assim como na negociação, no momento do fechamento é recomendável realizar uma retrospectiva do processo todo e garantir que os termos do fechamento são exatamente os que foram negociados.

Se tudo estiver certo, deve-se concretizar o fechamento, porém só convém comemorar depois do recebimento, pois, atualmente, muitos clientes têm desistido na hora do pagamento, cancelando o negócio que já havia sido fechado.

Acompanhamento e manutenção

Negócio fechado, pagamento concretizado, serviço encerrado? Não. O trabalho do vendedor não acaba quando o negócio é fechado. O acompanhamento e a manutenção da conta são fundamentais para manter o relacionamento com o cliente, desenvolver novas oportunidades e fidelizá-lo. Durante essa fase, é muito importante manter contato com o cliente, informando o andamento do seu pedido dentro da empresa até o momento da entrega efetiva. Mesmo depois de recebido o pedido, o vendedor precisa contatar o cliente para se certificar de que tudo está de acordo com o que foi negociado e colocar-se à disposição para qualquer necessidade futura.

Uma atividade muito importante do vendedor, também nesse momento, é o acompanhamento dos níveis de inadimplência dos seus clientes. É saudável que o vendedor busque negociar com os clientes ao máximo para receber os pagamentos, procurando evitar o cancelamento e o estorno do produto ou serviço. Esse é um ótimo gancho para manter o relacionamento bem como para procurar saber como o cliente está e se precisa de alguma coisa.

Planejamento da força de vendas

O planejamento da força de vendas exige decisões acerca do modelo de negócio B2B ou B2C, da estratégia e dos objetivos a serem alcançados. Para obter os melhores resultados, pode-se organizar a força de vendas de acordo com os produtos e serviços oferecidos, a localização geográfica e a complexidade/quantidade de clientes. A complexidade da sua organização será fator decisivo nessa escolha, cujo objetivo principal é obter a maior quantidade de vendas com o menor custo operacional possível.

Lembre-se também de que o resultado virá da maior quantidade de vendas "boas", ou seja, não adianta vender sem ficar de olho no resultado que essas vendas estão trazendo para a empresa. Isso posto, os vendedores são organizados pelos seguintes indicadores:

- *por clientes ou tamanho da conta* – quando organizados desse modo, os vendedores conseguem conhecer os clientes de forma mais próxima, entendendo suas necessidades e gerenciando melhor as demandas de cada um. Além disso, quanto mais complexa for a venda, mais importante será a função desse vendedor;

- *por produto* – essa organização se faz necessária quando a empresa tem produtos e serviços diferentes e complexos, que possam ser separados por linhas ou grupos específicos. Dessa forma, cria-se a figura do especialista, um vendedor que será treinado para se tornar um especialista no produto ou serviço e, dessa forma, conseguirá identificar nos clientes oportunidades mais alinhadas com as soluções propostas que cada produto ou serviço da organização propõe;
- *por área geográfica* – considerando o campo de atuação da empresa e a extensão do território que a empresa cobre, é melhor agrupar as regiões e distribuí-las pelos vendedores, sempre considerando os custos.

Para determinar o tamanho da força de vendas, deve-se considerar que empresas com processos mais simples e padronizados tendem a ter equipes menores, enquanto empresas com processos mais complexos e atendimento mais personalizado demandam uma equipe maior.

Determinação do número de vendedores

A definição do número de vendedores é uma das questões mais importantes, uma vez que determinará a intensidade com que a força de vendas irá buscar o volume necessário de vendas para atingir os objetivos. Para realizar essa definição, sugerimos os seguintes métodos:

1) *Divisão de metas* – Nesse caso, calcula-se o que a organização determinou de vendas como objetivo e divide-se pela produtividade de um vendedor mediano, conforme a fórmula a seguir:

$$\textit{número de vendedores} = \frac{\textit{volume total de vendas previsto}}{\textit{produtividade de um vendedor mediano}}$$

   É importante observar que, nessa fórmula, leva-se em consideração o potencial médio de um vendedor, o que pode "puxar o resultado muito para baixo" se essa média tiver uma variação muito grande dentro do time. Dessa forma, acaba-se subdimensionando o time.
2) *Divisão do trabalho* – Basicamente, considera-se que os vendedores devem ter um montante de trabalho similar entre seus territórios, considerando o número de clientes, a quantidade de visitas e a duração dessas visitas. Esse modelo não considera os resultados financeiros das visitas; logo pode-se estar aumentando o time e também o prejuízo da empresa. Esse é um ponto de grande atenção, pois, muitas vezes, para garantir o resultado da empresa e o alcance dos objetivos, se faz necessário abrir mão de clientes não lucrativos.
3) *Método incremental* – De difícil aplicação, esse método busca identificar a receita marginal gerada por um vendedor quando adicionado a uma região.

Se compararmos essas três formas de dimensionar o time, podemos dizer que o método da divisão do trabalho leva vantagem, pois propõe um alinhamento entre a estratégia de relacionamento e a forma de atendimento, o que leva o vendedor a ter mais tempo para explorar as oportunidades do cliente.

Estrutura da força de vendas

Uma vez definida a estratégia, é fundamental considerar a estrutura necessária para sua execução. Uma estrutura bem definida é a melhor forma de a organização gerar novas oportunidades de negócio e obter o retorno sobre seus investimentos. O tamanho da estrutura deve corresponder à quantidade de oportunidades que é capaz de atrair e negociar. No entanto, muitas vezes, deve-se levar em consideração a complexidade do negócio e o tamanho da empresa.

Várias escolhas devem ser feitas quando da organização dessa estrutura. Uma delas é a forma como o(s) vendedor(es) irá(ão) se relacionar com o cliente: apenas um vendedor será responsável por todo o atendimento, desde o primeiro contato até o pós-venda? Ou haverá vários responsáveis pelo atendimento ao longo do processo? Pode-se optar pela realização dessas etapas por profissionais especializados.

Quando o vendedor trabalha sozinho no processo de venda, consegue desenvolver um relacionamento mais profundo com o cliente, que contará com um vendedor especializado nos seus interesses. Normalmente, quando a estrutura da organização é pequena, essa é a opção mais utilizada. Ela também é usada em organizações cujo processo comercial não é muito elaborado, de baixa complexidade, como em imobiliárias, que, apesar de contarem com transações de valor considerável, têm um processo simples de negociação. Outro ponto positivo dessa estrutura é o alto nível de satisfação dos clientes, uma vez que o atendimento é personalizado.

Todavia, conforme a organização vai crescendo, as atividades da área de vendas vão se tornando mais complexas, e a tendência natural é a de que a estrutura se torne mais elaborada. O vendedor que ora atendia o cliente do começo ao fim, passa a ter outras funções, dividindo o atendimento com outros profissionais envolvidos no processo de vendas.

Com o aumento da complexidade, é comum surgir a necessidade de criar uma estrutura de gestão (gerência e diretoria), pois podem aparecer algumas redundâncias em determinadas atividades e, consequentemente, problemas de comunicação. No capítulo 4, ao tratarmos do processo de administração das vendas e do papel do gestor, vamo-nos aprofundar nesse tema. No entanto, vale observar que, quando a empresa cresce, é importante organizar a força de vendas para que ela atenda, da forma mais eficiente possível, os clientes atuais e busque novos clientes. Como vimos, essa organização pode ser realizada por cliente ou tamanho da conta, por produto ou por área geográfica.

Administração da força de vendas

É papel do gestor desenvolver, aperfeiçoar e treinar sua equipe, bem como capacitar os novos vendedores e reciclar e motivar os antigos. O bom gestor conhece as necessidades individuais de desenvolvimento do seu time e deve buscar a melhor forma possível de promover esse processo.

Além do desenvolvimento individual, é fundamental que o gestor busque aplicar alguns treinamentos e técnicas ao time como um todo. Treinamentos de negociação bem como técnicas de fechamento e organização de vendas são sempre bem-vindos. Recomenda-se que o gestor provoque, sempre que possível, uma oxigenação na equipe, o que pode acontecer por meio da troca de experiências entre os vendedores mais jovens e mais antigos, e também da reorganização dos clientes.

A importância do treinamento da força de vendas se deve ao fato de que a melhoria contínua do desempenho dos vendedores gera aumento de produtividade, proporcionando a obtenção dos resultados definidos pela gestão. A organização ganha, pois potencializa os investimentos ao formar uma equipe mais unida e preparada para conquistar o aumento da margem de lucro e o faturamento. O vendedor também ganha, uma vez que a motivação gerada pelo treinamento melhora seu desempenho e, como resultado, gera o aumento da sua remuneração.

Existe certo temor dentro das organizações quanto ao desenvolvimento e treinamento da equipe de vendas. Muitos gestores temem investir em treinamentos, deixar o vendedor plenamente capacitado e, pouco tempo depois, perdê-lo para outra empresa. Nesse caso, não há muitas opções. Se o objetivo da empresa é ter uma força de vendas de alta performance, esta precisa ser treinada, pois, na realidade, o mercado e os clientes não suportam mais vendedores inábeis. Sendo assim, o treinamento é uma exigência para a empresa que busca atingir seus objetivos de venda.

Ao estruturar os treinamentos da sua equipe, o gestor deve levar em conta os objetivos que deseja alcançar. No entanto, é recomendável que, de tempos em tempos, também sejam realizados treinamentos focados em promover o conhecimento do vendedor em relação à própria empresa. Receber informações de aspecto estratégico e, muitas vezes, dados financeiros é fundamental para não só promover o conhecimento, mas também provocar uma identificação do vendedor com a própria empresa. Esse alinhamento é importante para que o vendedor se sinta motivado e parte integrante do processo de realização da organização.

No início deste capítulo, ratificamos a importância de o vendedor conhecer o processo de vendas com maestria. No entanto, além do processo de vendas, é importante que ele conheça os processos e procedimentos administrativos da empresa, bem como as responsabilidades a ele imputadas, tais como contratos, cobranças, pagamentos etc. Quanto mais o vendedor conhecer sua empresa, mais facilmente poderá identificar meios de facilitar o fechamento dos negócios e atender os clientes. Recomenda-se também que o gestor prepare uma imersão para todo novo vendedor contratado, quando devem ser apresentados a história, a missão, a visão e os valores da empresa.

Esses são direcionadores importantíssimos, que precisam sair do papel e tornar-se uma realidade na execução das atividades diárias de venda; afinal, o objetivo da administração estratégica de vendas é garantir que a força de vendas caminhe em direção à missão, transformando esse direcionamento em realidade no dia a dia, por meio das suas atividades, para que a visão seja alcançada e os valores escolhidos pela organização sejam representados.

Perfil dos vendedores

Não existe um perfil único e perfeito em que o vendedor deva se encaixar. Pelo contrário, existem vários perfis, e é função do gestor identificar, em primeiro lugar, as demandas de atendimento da sua carteira de clientes, assim como alinhar o perfil dos seus vendedores à estratégia de distribuição que foi escolhida (mais adiante, trataremos dos canais de distribuição e suas particularidades).

Para que os clientes sejam atendidos com eficiência, os gestores precisam equilibrar seu time com vendedores que tenham experiências, habilidades e até temperamentos diferentes. Como em um time de vôlei, o capitão monta o time de acordo com o tamanho do oponente. No caso da administração estratégica de vendas, cabe ao gestor montar seu time para que ele atinja os objetivos da organização.

Atualmente, o mercado reconhece alguns perfis de vendedor. No entanto, é importante ressaltar que o mais importante não é encaixar as pessoas nesses perfis, mas sim descobrir a melhor forma de atender os clientes e, desde modo, determinar de que forma o vendedor irá atuar.

Os principais perfis existentes na atualidade são o fazendeiro (*farmer*) e o caçador (*hunter*), cujas funções são complementares. O caçador vai ao mercado e ganha o cliente, enquanto o fazendeiro cuida do cliente para que, com suas necessidades atendidas, ele permaneça satisfeito com a organização. A seguir, apresentamos uma análise mais detalhada desses dois perfis.

1) Caçador (*hunter*) – A principal função do caçador é a prospecção, ou seja, abrir novas oportunidades, ir ao mercado e buscar novos clientes. Seu estilo de venda é mais agressivo. Deve conhecer muito bem seu produto/serviço e não ter medo de falar com pessoas novas. A cada "não" que recebe, fica mais motivado.

   Esse perfil de profissional é uma peça importante para estratégia de crescimento. Como todo caçador, esse profissional é muito perspicaz e estudioso. Antes de bater em uma nova porta, ele faz o "dever de casa", buscando o maior número possível de informações para conhecer o cliente mesmo sem nunca o ter visitado.
2) Fazendeiro (*farmer*) – O fazendeiro é responsável pelo cultivo dos clientes, ou seja, pela manutenção das contas. Empresas que têm vendas recorrentes e periódicas, podem utilizar muito esse perfil, uma vez que o vendedor se concentra em fidelizar sua carteira. Com um estilo menos agressivo, esse vendedor investe muito do seu tempo no relacionamento com o cliente, procura estar sempre à disposição e dando todo o suporte para que o cliente se sinta amparado e não pense em outra solução que não seja a dele. Diferente do caçador, esse vendedor não se sente muito à vontade em campos desconhecidos e tem mais facilidade de desenvolver as oportunidades quando já conhece o cliente.

Não existe certo ou errado nesse caso. Como dissemos, os dois perfis são importantes e têm papéis muito nobres na empresa. O importante é o gestor entender a estratégia e os objetivos da empresa e, se tiver a oportunidade e for melhor para o negócio, utilizar esses modelos para estruturar o time.

Gestão do relacionamento com o cliente (*customer relationship management* – CRM)

Sejam pequenas ou grandes, as empresas da atualidade dão muita importância à gestão do relacionamento com o cliente (*customer relationship management* – CRM). Segundo o conceito atrelado a essa ferramenta, o cliente deve ficar no centro da organização, e tudo deve ser feito considerando as necessidades e expectativas do cliente. Muitos pensam que o CRM é a solução para os problemas da área de vendas, mas não é bem assim. Ele ajuda, mas, como qualquer ferramenta, só funciona se for bem compreendido e aplicado. O princípio do CRM é gerir as interações da empresa com seus clientes e, dessa forma, obter informações para promover a fidelização e potencializar as vendas.

O CRM pode gerar uma série de benefícios, tais como a organização das informações e dos contatos dos clientes, a simplificação dos processos, a centralização da informação, a segmentação dos clientes por necessidades etc. No entanto, nada disso irá funcionar se as pessoas envolvidas no processo não entenderem e perceberem tais benefícios. Sendo assim, quando escolher essa estratégia, envolva as pessoas e avalie bem aquilo de que a organização necessita.

Com a disseminação do CRM, outros perfis de vendedor surgiram, e, caso seja essa a opção da sua organização, é importante conhecê-los. São eles:

1) *Vendedor facilitador* – O vendedor facilitador é um profissional mais júnior, que ainda está desenvolvendo suas habilidades de negociação e não tem total domínio dos aspectos técnicos dos produtos e serviços. Serve como suporte a clientes que já conhecem a empresa e necessitam de apoio. Como está em fase de desenvolvimento, tende a utilizar o CRM de forma mais fácil.
2) *Vendedor negociador* – Não domina muito os aspectos técnicos do que está ofertando. Seu forte está na negociação. Muito carismático, consegue envolver o cliente e fechar as vendas. É, essencialmente, um vendedor de varejo. Mais resistente ao uso de uma solução de relacionamento, pois pode achar que irá perder tempo, mas com o uso, percebe que a ferramenta pode ajudar a estudar melhor o perfil dos clientes.
3) *Vendedor técnico* – Oposto ao vendedor negociador, o vendedor técnico conhece todos os detalhes e características dos produtos. Ele é sempre chamado quando o vendedor negociador não tem as informações solicitadas pelo cliente para o fechamento do negócio. Falta nele habilidades para negociação e fechamento de negócios. Com um perfil mais técnico, tende a utilizar melhor a ferramenta de CRM durante o processo de vendas.
4) *Vendedor técnico e negociador* – O profissional que une conhecimento técnico e poder de negociação consegue atuar em negócios cujo ciclo de vendas é mais longo. Prefere trabalhar sozinho em negociações mais complexas e é o que melhor extrai as informações do CRM, utilizando-as estrategicamente.

Os perfis apresentados podem subdividir-se em muitos outros, o que, novamente, depende do tamanho e da complexidade da organização. Reconhecer esses papéis e o fato de que podem transformar-se de acordo com a demanda e os desafios organizacionais é o mais importante. Com esse cenário definido, o gestor poderá montar seu time da melhor forma possível, pois o recrutamento e desenvolvimento dos profissionais será mais efetivo.

Spin selling

No começo deste capítulo, mais precisamente na etapa de qualificação das oportunidades do processo de vendas, comentamos sobre a importância da metodologia Spin. Neste tópico, apresentaremos o método e os benefícios que ele pode oferecer. Toda a força de vendas deveria receber esse treinamento.

> Utilizado pelas forças de vendas das maiores empresas mundiais, esse método pode levar o time a alcançar metas e fechar mais negócios.

Atualmente, os produtos e serviços são muito parecidos, e o que os destaca é o atendimento, considerando por atendimento o vendedor, a atenção dispensada, o conhecimento geral do produto e da empresa bem como o suporte. Atualmente, os critérios utilizados pelos clientes quando da decisão de compra são:

- qualidade do produto/serviço;
- qualidade do relacionamento;
- estabilidade do fornecedor;
- capacidade de resposta da organização.

Neil Rackham e John de Vicentis (2007) destacam que, na atualidade, a maneira como se vende é mais importante que o produto em si. Isso acontece porque os clientes procuram vendedores em que possam confiar. Confiança é algo muito precioso e, para vendê-la, Rackham sugere que os vendedores demonstrem, genuinamente:

- preocupação – real interesse no que os clientes sentem;
- sinceridade – ninguém é obrigado a saber tudo; portanto é melhor o vendedor ir buscar a informação do que dar a informação errada;
- competência – um bom profissional sabe o que está falando e tem habilidades técnicas.

O método desenvolvido por Rackham, basicamente, orienta o processo de vendas por meio de quatro tipos de pergunta, e o acrônimo Spin as resume em:

- situação (*situation*);
- problema (*problem*);
- implicação (*implication*);
- necessidade de solução (*need pay off*).

A seguir, demonstraremos como essas perguntas funcionam na prática:

1) *Perguntas de situação (S)* – Utilizadas no momento em que se inicia a investigação, as perguntas de situação têm como objetivos entender o contexto em que o cliente está envolvido, aprender sobre ele e descobrir mais a respeito de suas motivações e de seus interesses. Demonstrando conhecimento do mercado, da concorrência e do contexto em que o cliente se encontra, o vendedor pode começar a demonstrar as implicações dos problemas identificados.

   Essas perguntas vêm no início da conversa e são utilizadas para criar empatia com o cliente (seja ele novo ou antigo). No entanto, é importante ter cuidado para não exagerar. Procure informar-se ao máximo sobre a oportunidade e leve, já no caderno, algumas perguntas prontas, como:

- Em que momento se encontra sua empresa?
- Você sabe como é seu cliente ideal?
- De que forma você se relaciona com seus clientes?
- De que forma você acompanha seu processo de vendas?
- Que canais usa para divulgar seu negócio?

Use sua criatividade e adapte essas perguntas ao seu negócio. Lembre-se sempre de que esse é o momento de deixar o cliente confortável para falar. Quanto mais ele falar e mais você ouvir, mais fácil será identificar as necessidades desse cliente.

2) *Perguntas problema* (P) – Quais são as dores do cliente? É a partir do problema do cliente que o vendedor deve buscar a solução. As perguntas, nesse caso, são direcionadas a fazer com que o cliente se sinta confortável em falar sobre suas dificuldades. Lembre-se: o foco está no cliente e não na venda do seu produto. A venda será uma consequência se você, genuinamente, escutar o cliente e buscar entender as dificuldades dele. Faça perguntas como:

- Que problemas sua empresa enfrenta atualmente?
- Quais são as causas desses problemas?
- Como a empresa lida com essas situações quando surgem?

Lembre-se de que, nesse momento, você deve ter uma escuta ativa e só fazer as perguntas, de modo que o *cliente* descubra as causas dos seus problemas e veja, nos seus produtos e serviços, a solução.

3) *Perguntas de implicação (I)* – Nesse momento da conversa, já se sabe do que o cliente necessita, mas é possível que ele

ainda não esteja convencido ou não tenha identificado os problemas. Sendo assim, caberá a você elencar as razões para resolver o problema e contornar suas implicações. A seguir, apresentamos duas sugestões que podem ajudar a formular essas perguntas:

- dê exemplos de outros clientes que tiveram problemas semelhantes e sofreram por não dar atenção a eles;
- *sempre* se coloque no lugar do cliente.

Nesse momento, o cliente precisa refletir sobre os impactos desses problemas bem como sentir a necessidade de resolvê-los. Use as perguntas a seguir para estimular o pensamento do cliente:

- Você já pensou sobre os impactos que esse tipo de problema traz para seu negócio?
- Que outras áreas da empresa são afetadas pelo problema?
- Você já calculou quanto tempo de trabalho é perdido por conta dessa dificuldade?

4) *Pergunta de necessidade de solução (N)* – Nessa situação, o vendedor deve realizar perguntas sobre como seria a vida do cliente sem os problemas identificados e, com isso, ir apontando o caminho da solução. O ideal é o próprio cliente perceber que o vendedor tem a solução (produto ou serviço) para lhe oferecer.

   O cliente deve considerar sua solução e tomar a decisão de comprar de você. Para atingir esse objetivo, pergunte como as coisas seriam sem o problema existente, desperte nele o interesse pela solução e faça mais perguntas como:

- Como você considera que essa questão pode ser melhorada na sua organização?
- Você já pensou como as coisas seriam se esse problema fosse resolvido?

Estimulando o cliente a falar e pensar sobre seus problemas, o vendedor tem ótimas oportunidades de demonstrar como seu produto ou serviço traz valor para a operação do cliente. Desse modo, ele próprio tomará a decisão de compra, sem que você precise convencê-lo.

A metodologia Spin pode parecer muito simples e fácil – e é mesmo –, mas ela é muito poderosa, pois organiza o processo de investigação do problema (qualificação da oportunidade), de forma que, por meio das perguntas, o cliente encontre a solução, facilitando assim a venda. A lógica não está em o vendedor ficar falando do seu produto/serviço, pois, por melhor que esse produto seja, se o cliente não perceber seu valor, ele não irá comprar. Dessa forma, o Spin é poderoso porque estrutura a conversa com o cliente de forma que o vendedor não precise nem apresentar o produto, mas apenas apontar as soluções que propicia.

Como em qualquer outro treinamento, os benefícios do Spin só serão percebidos com a prática.

3
Vendas, distribuição e acompanhamento

Canais de distribuição

De forma resumida, o canal de distribuição é o caminho que o produto ou serviço percorrerá até ser entregue ao cliente. O objetivo é fazer com que o produto ou serviço chegue o mais rapidamente e da melhor forma possível na mão do comprador ou que esteja à disposição do cliente onde ele estiver.

A escolha desse caminho é uma decisão estratégica importantíssima, que tem impactos em toda a estrutura da organização. Antes de escolher um ou vários caminhos, é necessário levar em consideração os custos desses canais e o impacto que múltiplos canais podem gerar em relação à política de preços e à remuneração dos vendedores. Sendo assim, conhecer cada um deles e suas particularidades é fundamental.

A distribuição compreenderá todo o fluxo de entrega do produto ou serviço, desde o fornecedor até o consumidor final. Quanto à distribuição, há, basicamente, três tipos de venda: a direta, a indireta e a híbrida. A seguir, abordaremos suas particularidades.

1) *Venda direta* – Realizada pela própria empresa produtora do produto ou serviço, sem nenhum intermediário. A venda é

realizada pela força de vendas, considerando suas lojas, filiais, agências, sucursais e representantes.

Os tipos de venda direta mais comuns são:

- *de porta em porta* – forma mais tradicional e antiga, em que o vendedor atende e prospecta seus clientes em casa;
- *por catálogo* (lookbook) – também é uma forma tradicional, mas, nesse caso, o cliente recebe o catálogo e faz suas escolhas. Com o advento da tecnologia, esse modelo de distribuição foi modernizado e, atualmente, não ocorre mais via correio, sendo mais comum o recebimento de *lookbooks* via *e-mail* ou mídias sociais, onde são feitas as encomendas.

2) *Venda indireta* – Nesse modelo, a venda é realizada por diversos intermediários, os chamados canais de distribuição, até chegar ao cliente final.
3) *Modelo híbrido* – Envolve os canais de venda direta e indireta. Nesse modelo, contudo, o produtor é parceiro dos intermediários e não deixa de ter o controle em relação aos contatos com os clientes.

Apresentados os canais de venda, apresentaremos as possíveis formas de distribuição. São elas:

1) *Distribuição exclusiva* – Nesse caso, o intermediário leva os produtos da empresa a pontos de venda específicos, e esse intermediário é, normalmente, o representante de vendas. Dada a estratégia da organização e, principalmente, a de marketing, deve-se escolher bem como posicionar o produto ou serviço nos pontos de venda. Dependendo da qualidade do produto, esse pode ser um grande diferencial.
2) *Distribuição seletiva* – Nesse tipo de distribuição, as vendas são feitas para um grupo de intermediários específico que

é responsável por vender os itens aos consumidores finais. A reputação do intermediário é importante nesse caso, pois sua performance terá impacto direto nas vendas da empresa. O intermediário assume um papel de consultor do cliente, solucionando dúvidas e recomendando produtos adequados às suas questões.

3) *Distribuição intensiva* – Na distribuição intensiva, o produtor coloca seu produto ou serviço no maior número possível de pontos de venda utilizando sua força de vendas e seus representantes comerciais, que auxiliam na busca desses pontos.

A distância entre o fabricante e o consumidor é classificada em níveis que variam de zero a três. Quando essa relação é muito próxima, o nível é *zero*. Nesse caso, o custo para se relacionar é bem alto.

Quando o fabricante vende o produto ao distribuidor, e esse distribuidor pode revendê-lo no varejo ou atacado, ocorre o nível *um*. Nesse caso, o distribuidor tem parte dos direitos do produto, mas o fabricante também tem. É o distribuidor que fica responsável pelos custos de venda e transporte até os pontos de venda.

O nível *dois* é bem parecido com o nível um, com o diferencial de que o distribuidor só vende via varejo.

Por último, temos o nível *três*, que é o tradicional caso em que o produto percorre o caminho desde o fabricante, passando pelo distribuidor e pelo varejo, até chegar ao cliente. Nesse caso, as despesas de marketing e vendas são divididas entre as partes. A maior vantagem desse nível de relacionamento é a possibilidade de alcançar um maior número de consumidores, tornando a marca e o produto ou serviço mais conhecidos. No entanto, devido a todos os custos envolvidos, o valor dos produtos fica mais alto.

O esquema a seguir resume os níveis de distribuição apresentados.

Figura 9
Níveis de distribuição

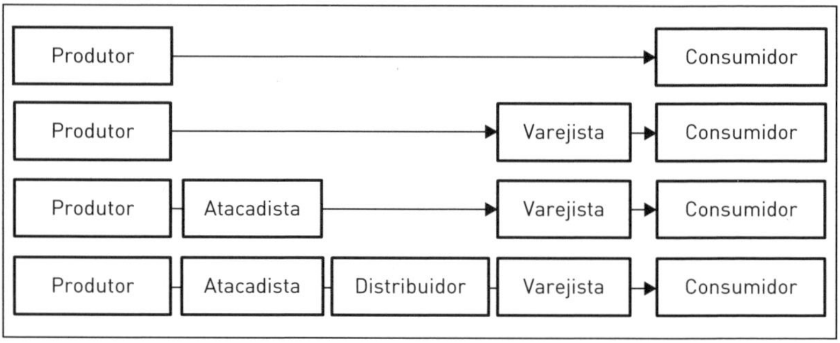

Fonte: Adaptada de Gobe (2007).

Identificados os detalhes da operação de distribuição, agora podemos conferir quem são os principais agentes responsáveis por levar os produtos e serviços até o cliente final. Vejamos:

1) *Varejistas* – Frequentemente utilizados pelas empresas para distribuição de produtos e serviços, são varejistas os supermercados, as lojas, as farmácias, os bares e restaurantes. Normalmente, neles os preços dos produtos são mais altos.
2) *Atacadistas* – Os atacadistas compram os produtos do fabricante e revendem aos varejistas. As quantidades negociadas são, normalmente, grandes e o preço é menor, por conta do volume da venda.
3) *Distribuidores* – Os distribuidores vendem, armazenam e geram assistência técnica para varejistas e atacadistas. É prática escolherem distribuir para determinada região, pois conseguem organizar uma logística melhor.
4) *Agentes* – Os agentes são pessoas jurídicas contratadas para vender os produtos e serviços de determinada empresa e, em troca, recebem uma comissão. Têm uma relação de longo prazo com a organização, uma vez que são quase representantes.

5) *Corretores* – Assim como os agentes, os corretores vendem e recebem comissão. A diferença está no fato de terem um relacionamento de curto prazo com a empresa e trocarem os produtos e serviços que oferecem por aqueles que tiverem as melhores condições de mercado, ou seja, o melhor preço.
6) *Internet* – A cada dia, tornam-se mais comuns a venda e a distribuição de produtos por meio da internet e das mídias sociais. Diante da necessidade de distanciamento social causada pela pandemia de Covid-19, a internet ajudou muitas empresas a sobreviverem e fez com que muitas outras, que antes só distribuíam seus produtos fisicamente, passassem a utilizá-la.
7) *Equipe de vendas* – As empresas podem desenvolver uma força de vendas e estruturá-la de acordo com sua estratégia de distribuição.

Escolhidos os canais de distribuição, agora é hora de ir ao mercado.

Go-to-market (GTM) – Ir ao mercado

Com um mercado cada vez mais competitivo, em que as inovações são copiadas em menos de 24 horas, encontrar um lugar e destacar-se é uma tarefa cada vez mais difícil, especialmente para novos entrantes – novas empresas –, a não ser que tragam alguma disrupção de mercado. Por essa razão, é fundamental identificar e aplicar uma estratégia que seja compatível com o negócio e benéfica para o crescimento da organização.

Para tanto, é necessário conhecer a estratégia *go-to-market* (GTM), método que correlaciona o mercado de atuação, os clientes e os produtos a serem comercializados. Nele, é necessário definir, para cada categoria de cliente, os produtos e serviços que podem ser oferecidos. De forma mais resumida, essa estratégia busca compreender como a empresa deve colocar seu produto ou serviço em determinado mercado para alcançar a penetração desejada e a maior lucratividade possível.

Por meio de um plano de ação tático, a estratégia GTM elenca os passos necessários para se obter sucesso em determinado mercado ou a partir de uma nova oportunidade/um novo cliente. Tal estratégia pode ser utilizada em, praticamente, qualquer coisa: do lançamento de um novo produto ou serviço até o reposicionamento de uma marca ou organização.

Essa estratégia pretende ser muito mais que um simples documento; ela busca ser uma ferramenta que pode e deve ser utilizada para compartilhar com a empresa todas as definições ora realizadas. Desse modo a estratégia GTM precisa ser ampla e o mais inclusiva possível; deve ser relevante, porém ao mesmo tempo ter a capacidade de se adaptar conforme o retorno dado pelas outras áreas da organização impactadas por ela.

O GTM tem como propósitos:

- esclarecer o motivo pelo qual o produto ou serviço definido está sendo lançado, qual é seu público-alvo e como será a abordagem de engajamento dos clientes para utilização desse serviço ou produto; e
- obrigar todos os envolvidos nesse trabalho a refletir sobre os pontos que podem dar errado e os supostos problemas que os clientes podem encontrar no momento da introdução do produto ou serviço no mercado. Tal reflexão contribui para que se possa oferecer a melhor experiência possível ao cliente e, com isso, conquistar sua confiança.

Quando bem executada, essa estratégia permite alinhar todas as partes envolvidas e criar um cronograma em que cada parte envolvida atenderá aos marcos e resultados definidos, abrindo assim um caminho mais seguro para o sucesso no mercado.

Os benefícios gerados por essa estratégia são os seguintes:

- direção e planejamento claros para todos os participantes do projeto;
- probabilidades maiores de lançamento de um produto melhor;
- menor chance de haver custos extras gerados por erros no lançamento de produtos ou serviços;
- flexibilização para reagir a mudanças e desejos do cliente;
- melhor gerenciamento dos desafios que aparecerem ao longo do caminho;
- uma rota clara para o crescimento estabelecido;
- geração de uma experiência efetiva para o cliente.

Assim como nas outras estratégias apresentadas, é necessário realizar uma pesquisa antes de iniciar o desenvolvimento do GTM. Nos tópicos a seguir, apresentamos algumas informações que devem ser levantadas para que a estratégia ocorra de forma adequada.

Definição do mercado

Que mercados se pretende alcançar para comercializar o produto ou serviço? Que tipo de problema o produto resolve, ou seja, ele é a solução de quê?

A identificação do mercado definirá o público-alvo e sua capacidade de adquirir determinado produto ou serviço. Deve-se procurar especificar, claramente, o mercado que se pretende atingir, até mesmo para verificar se tem tamanho suficiente para os objetivos de receita e lucro do produto ou serviço estabelecidos pela organização. Caso isso não seja identificado, corre-se o risco de fazer um péssimo investimento, trazendo prejuízos para empresa.

Ao definir o mercado, deve-se procurar trazer um benefício ou a solução para o problema de alguém, pois assim o valor do produto ou serviço será reconhecido pelos clientes.

Parece óbvio que a organização e o produto ou serviço só obtenham sucesso se os clientes precisarem deles, mas, muitas vezes, por pura falta de visão estratégia, as organizações não escutam seus clientes e lançam produtos ou serviços que não têm valor algum, trazendo prejuízo para suas operações.

Ao longo do desenvolvimento da estratégia de GTM, é fundamental que se pergunte "o que levou" a organização a criar tal produto ou serviço, assim como "para quem" e "por qual razão" os clientes precisam desse produto ou serviço.

Clientes

Quem são os clientes? Quem é o público-alvo?

Ao analisar as informações e pesquisas coletadas para definição do mercado e do público-alvo do produto ou serviço a ser lançado, o gestor terá de observar se já possui clientes que desejam esse novo produto ou se precisa buscar um grupo totalmente novo de clientes.

Ao desenvolver a estratégia de GTM, a organização aprimora seu processo de conquista de clientes e consegue identificar melhor aqueles que serão responsáveis pela aquisição de seu produto ou serviço. Por exemplo, em uma estratégia GTM em que a organização está vendendo a outra empresa, o comprador pode ser o gerente de TI ou um membro da diretoria. A identificação do comprador é fundamental para que a força de vendas não perca tempo e não realize a proposta para a pessoa errada.

A segmentação de clientes serve para identificar as semelhanças entre os grupos e desenvolver ações de venda e marketing mais efetivas. Estabelecer o perfil do cliente perfeito (*persona*) é parte importante dessa estratégia, pois ajudará a identificar quem são os clientes mais adequados ao produto ou serviço. Informações demográficas básicas e o conhecimento específico do seu cliente ideal – seus desejos, necessidades, paixões e preferências – agregam muito e facilitam a implementação da estratégia.

Para estabelecer o perfil do cliente perfeito (*persona*), procure dividir seus questionamentos em alguns níveis, como os apresentados a seguir:

1) primeiro nível:
   - Quais são seus mercados-alvo?
   - Qual é o tamanho desses mercados?
   - Qual é a composição desses mercados em termos de acessibilidade e poder de compra?
2) segundo nível:
   - Quem são seus clientes ideais nesses mercados?
   - Os grupos específicos que você identifica terão mais probabilidade de desejar seu produto?
3) terceiro nível:
   - O que você sabe sobre o mercado e os clientes que apoiam sua estratégia?

Busque ser o mais específico possível. Quanto mais realista for esse perfil, melhor será sua capacidade de decisão quanto a como abordar esses possíveis clientes, conversar com eles e, eventualmente, torná-los clientes.

Modelo de distribuição

De que forma o produto ou serviço será entregue ao consumidor?

O modelo de distribuição define os canais ou os caminhos a serem seguidos pelo produto ou serviço para alcançar o cliente final. Canais indiretos, geralmente, tornam-se parte da estratégia GTM de um fornecedor de produtos.

Antes de definir o modelo de distribuição, algumas perguntas devem ser feitas. Por exemplo:

- De que forma os clientes irão comprar o produto ou serviço?
- Onde o produto ou serviço será distribuído?
- Caso seja um produto físico, como será distribuído?
- Caso seja um produto como um *software*, de que forma o cliente terá acesso?

Posicionamento do produto

Qual é o valor ou diferencial do produto ou serviço que está sendo oferecido? Qual é sua principal diferença em relação aos demais produtos do mercado?

O posicionamento é muito importante, pois envolve a mensagem sobre "o que o produto/serviço faz", como o cliente-alvo saberá disso, de que forma será informado a respeito do produto e como os novos clientes serão gerados.

O posicionamento do produto ou serviço deve trazer uma mensagem específica ao mercado quanto à necessidade que esse produto ou serviço irá atender e ao motivo pelo qual os clientes devem acreditar que ele irá solucionar essa necessidade. Uma proposta de valor deve comunicar, de forma clara e objetiva, os reais benefícios que o cliente receberá bem como revelar de que forma os clientes irão receber mais do produto ou serviço do que pagaram por ele.

Ao desenvolver o posicionamento e a mensagem do produto ou serviço, deve-se refletir quanto a utilizar a força comercial ou o time de marketing e definir como isso será feito.

Quanto mais a força de marketing é utilizada, menor é a necessidade de usar a força de vendas, e vice-versa. Sendo assim, identificar a forma de abordagem que agradará mais o cliente é fundamental, o que pode ser feito por meio da reflexão a respeito dos seguintes fatores:

1) *Preço* – Quantas vendas você precisa realizar? Preços mais altos e decisões econômicas maiores para os clientes são mais adequados para vendas do que para marketing.
2) *Tamanho do mercado* – Você procura um grande grupo de clientes para o qual as vendas diretas seriam ineficientes ou prefere focar um pequeno grupo que precisa de mais atenção antes de tomar uma decisão?
3) *Complexidade do produto* – Você precisa de um vendedor para explicar os benefícios aos clientes em potencial? Seu produto ou serviço é autoexplicativo o suficiente, de modo que as pessoas que o compram possam começar a usá-lo imediatamente, sem a necessidade de obter nenhum suporte? Você está vendendo para empresas ou para indivíduos?
4) *Relacionamentos* – Seu sucesso depende da construção de um relacionamento de longo prazo com um cliente? Identificar a forma de abordagem a ser adotada pela organização é parte integrante da estratégia GTM, uma vez que indicará de que modo o planejamento será executado bem como suas prioridades.

Modelo de precificação

Quanto deve custar o produto ou serviço para cada segmento de cliente?

A questão "preço" deve dar apoio à proposição de valor e ao posicionamento do produto ou serviço ora definido pela organização, indo muito além dos custos de fabricação ou desenvolvimento.

Uma boa estratégia para definir o modelo de precificação é compartilhar informações com a equipe da área financeira, pois seus integrantes poderão contribuir de forma mais assertiva e irão garantir que tudo seja cobrado de forma que o produto ou serviço gere resultado positivo. É salutar averiguar como a concorrência está se comportando em relação aos preços, para que seu preço se mantenha equilibrado, ou seja, nem muito baixo nem muito alto. Procurar saber, via pesquisas, se os clientes em potencial estão dispostos a pagar pelo serviço ou produto também é importante.

Após todo o desenvolvimento e revisão, a estratégia GTM está pronta para ser executada. Lembre-se de que o segredo do sucesso de qualquer planejamento está na sua execução. Nesse sentido, o ciclo PDCA pode ajudar a ter a disciplina necessária para executar, com êxito, esse planejamento.

Funil de vendas (*pipeline* de vendas)

Com o planejamento estratégico de vendas definido, as oportunidades de negócio irão surgir e será preciso controlá-las. O funil de vendas, também denominado *pipeline*, é uma ferramenta de gestão comercial utilizada para analisar o cliente considerando as diversas fases do processo de venda, desde a geração do *lead* (oportunidade) até o fechamento da compra. Dado que cada cliente tem seu "tempo" de compra, é necessário alinhar os esforços da força de vendas para encontrá-lo e abordá-lo no momento certo, utilizando o melhor canal.

As etapas do funil de vendas podem variar de acordo com a complexidade do processo comercial. Atualmente, diante da mudança que foi imposta pela pandemia de Covid 19, do avanço da tecnologia e da necessidade de alinhar as áreas de marketing e vendas, o funil de vendas sofreu uma alteração positiva, ao que se adicionou, logo na fase de prospecção, mais uma entrada de oportunidades. Diferentemente do processo tradicional, que já é um velho conhecido dos gestores, o funil de vendas em Y conta com duas entradas de *leads*/oportunidades: o *inbound* (marketing) e o *outbound* (vendas), ambos conceitos que serão detalhados a seguir. De toda forma, nesse funil em Y, nenhuma equipe será responsável apenas por gerar *leads* nem somente por captar oportunidades. Todas devem unir estratégias, trabalhar juntas e compartilhar as metas. A troca de informações entre os times será constante e simultânea.

Antes de prosseguirmos para as demais etapas, faz-se necessário explicar que o *inbound* marketing busca a atração dos possíveis clientes, que são fisgados por meio das estratégias de conteúdo. Para isso, é preciso entender quem é o consumidor, assim como conhecer seus hábitos, gostos, objeções e necessidades (o chamado mapeamento de *persona*). Também se poderá compreender quais são os melhores canais de divulgação e de que maneira deve ser construída a comunicação da marca.

É estratégico investir esforços em *blogs*, redes sociais e *links* patrocinados. Esse é o trabalho da área de marketing: gerar conteúdo que atraia os clientes 24 horas por dia, 365 dias do ano.

Já o conceito *outbound* é o esforço da área de vendas em identificar oportunidades usando ferramentas e canais de comunicação digitais. Os profissionais monitoram plataformas que varrem as redes sociais e os *websites* buscando possíveis clientes para suas organizações. Para obter maior sucesso nesse processo, é importante a definição de um perfil de cliente ideal – ICP (*ideal customer profile*), que é programado na ferramenta. Na definição do consumidor ideal, cabe incluir todas as características que você gostaria que ele possuísse. Com um perfil bem definido, a captura será muito mais assertiva. Com essas questões definidas, podemos dar andamento às demais etapas do processo de vendas. Vejam que as etapas a seguir são as mais comumente encontradas nessa ferramenta:

1) Geração de oportunidades (*leads*): considera as entradas *inbound e outbound* – Nesse estágio, o cliente ou a oportunidade está sendo sondada, ou seja, procura-se utilizar um filtro para identificar as melhores oportunidades a serem prospectadas.

   Nessa fase, é muito importante entender o momento de compra do cliente. Talvez, nesse primeiro contato, ele não se apresente com alguma necessidade ou demanda, mas isso pode mudar. Daí a importância da qualificação, uma vez que esse suposto cliente desinteressado hoje pode vir a ser um cliente muito interessado amanhã.
2) Prospecção – A prospecção é a etapa de qualificação do cliente, sendo utilizada para identificar suas necessidades e seus desejos e, a partir deles, definir a melhor a forma de atendê-lo. Nessa fase de investigação, os vendedores devem levantar o máximo de informações sobre o cliente por meio da metodologia Spin e realizar as perguntas corretas para identificação de suas necessidades.
3) Proposta ou fase da apresentação – A fase de apresentação é o momento em que demonstramos as características, as vantagens e os benefícios da nossa oferta e informamos

as condições comerciais. É a "hora da verdade", pois se o vendedor trabalhou durante o processo de forma correta, a proposta será a solução dos problemas do cliente.

4) Negociação e objeções – A fase de negociação e objeções é uma etapa em que se busca a superação da distância entre o cliente e a empresa. Ela é realizada para ajustar a proposta de acordo com as demandas e necessidades do cliente. Quanto melhor for o trabalho do vendedor nas etapas anteriores, menores serão as objeções e menor será a chance de haver discussões quanto a preço – aliás, devemos evitar esse tipo de discussão. O melhor caminho é apresentar os benefícios que a solução irá trazer para o cliente.
5) Fechamento – O fechamento é o momento final do processo, ou seja, ocorre quando a venda é concluída. Nessa etapa, é importante fazer uma *checklist* de todos os acordos para formalizar o compromisso da entrega. Além disso, só é aconselhável comemorar depois de o pedido ser registrado e de o valor ser depositado.

O trabalho do vendedor não acaba com o fechamento. É importante considerar o pós-venda, buscando sempre estreitar o relacionamento com o cliente para que ele volte a comprar da empresa.

> O funil de vendas possibilita o mapeamento das etapas do processo de vendas e, por essa razão, é tão importante que os vendedores e gestores compreendam e dominem o processo, tornando-se capazes de melhorar seus resultados.

Uma vez mapeado o processo, pode-se então monitorá-lo e, dessa forma, determinar os indicadores de performance almejados, que direcionarão a força de vendas ao alcance das suas metas. Os indicadores de performance devem ser definidos pelos gestores e devem ser utilizados para monitorar, principalmente, os objetivos que o planejamento estratégico de vendas almeja alcançar.

Os gestores devem procurar, ao máximo, escolher um número pequeno de indicadores. Além disso, tais indicadores devem ser eficientes e eficazes bem como de simples compreensão, de forma que não atrapalhem o foco dos vendedores. De outro modo, há o risco de os indicadores de performance se tornarem uma fonte de preocupação e, com isso, o vendedor deixar de focar em suas atividades diárias para atender aos controles internos. Sendo assim, manter um número pequeno de indicadores cujos benefícios e formas de alcance possam ser facilmente enxergados pelo vendedor é a melhor estratégia.

Figura 10
Funil de vendas (tradicional)

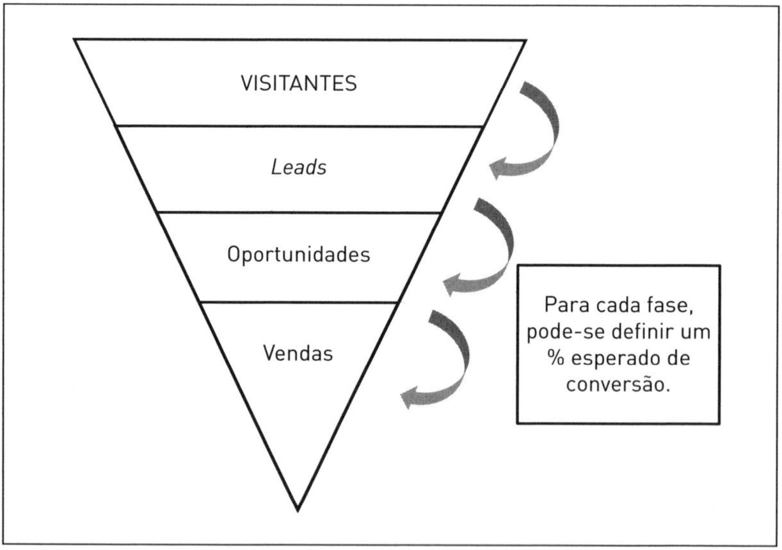

Fonte: Adaptada de Rackham (2011).

Figura 11
Funil de vendas (em Y)

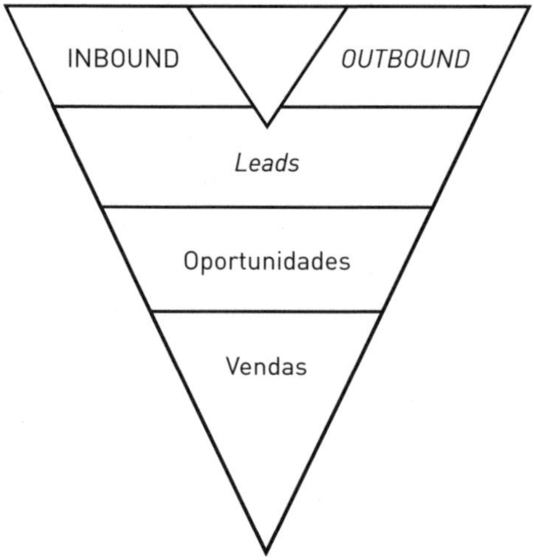

Fonte: Adaptada de Ross e Tyler (2020).

Como estruturar o funil de vendas da organização

O primeiro passo a ser dado para estruturar o funil de vendas é a comunicação dessa implementação à força de vendas. Todos precisam entender os benefícios que essa ferramenta irá trazer tanto para área quanto para organização.

O próximo passo é criar um documento com o perfil de cada cliente, ou seja, com o histórico e as informações relevantes para o negócio. Algumas informações são fundamentais para acelerar o processo de vendas e podem ser coletadas por meio da resposta às seguintes perguntas:

1) Quem é o responsável pela decisão no processo de compra, seja o alvo pessoa jurídica ou física?

Essa é uma definição muito importante, uma vez que o vendedor precisa apresentar a proposta a quem vai decidir. Pode acontecer de essa pessoa ser diferente da que fez o pedido ou o primeiro contato.

2) Quem é o influenciador no processo de compra?

   Mapear áreas que serão impactadas pela solução oferecida auxilia muito na hora do fechamento e, por essa razão, o vendedor precisa saber quem são os influenciadores.

3) Qual é o orçamento para suprir aquela necessidade-alvo?

   Perguntar ao cliente qual é seu orçamento (*budget*) para solução não é problema nenhum; pelo contrário, feita corretamente, essa pergunta pode demonstrar que o vendedor está procurando acertar no tamanho da proposta. Nada o impede de apresentar uma segunda proposta, mais completa, e deixar que o cliente resolva.

4) Onde se devem buscar as informações para escolha do fornecedor e do produto ou serviço (televisão, jornais, revistas, portais *on-line*)?

   Entender esse processo sob a ótica do cliente ajuda o vendedor a melhor se posicionar e a própria organização a direcionar melhor seu esforço de marketing.

Como as etapas do funil de vendas refletem o processo de vendas?

O funil de vendas deve refletir o processo de vendas, considerando as etapas apresentadas e o processo mais básico de vendas, assim temos as seguintes etapas:

1) *Prospecção* – Estágio em que procura-se identificar futuros clientes, avaliar se existe alguma necessidade e o *timing* dessa necessidade.

2) *Qualificação* – Etapa em que se avalia o perfil do "cliente", se ele está dentro do que a empresa deseja/busca. Por vezes, durante o processo de vendas, as coisas podem mudar, e o cliente pode optar por postergar a compra para outro momento. Isso não significa, contudo, que se deva descartar a oportunidade, pelo contrário, deve-se respeitar o *timing* do cliente.
3) *Preparação e apresentação da proposta* – Momento de muita atenção e cuidado, devem ser consideradas as necessidades levantadas e buscar a melhor forma de atendê-las considerando os produtos e serviços da organização.
4) *Negociação* – Neste estágio é importante garantir que o cliente tenha o pleno entendimento das soluções apresentadas e que ambas as partes fiquem satisfeitas com a proposta.
5) *Fechamento* – Simboliza a contratação do produto e serviço, momento especial em que o cliente deve se sentir amparado pelo contrato. É muito importante neste momento que o comercial conduza o fechamento e rapidamente passe para a fase final.
6) *Acompanhamento e Manutenção* – Após o fechamento é fundamental que o comercial acompanhe a entrega do produto/serviço e mantenha a entrega da solução proposta. Nesta fase temos a opção de consolidar o relacionamento com o cliente e também de identificar necessidades futuras.

Assim como o ciclo PDCA, o funil de vendas precisa ser revisto o tempo todo e todo o tempo. Dessa forma, mesmo que o método e a ferramenta estejam em operação, recomenda-se a revisão para realizar ajustes e refinar a operação.

A revisão do processo junto com a análise dos percentuais de conversão de cada etapa traz informações importantes que necessitam ser discutidas com a força de vendas. Por meio dessa discussão,

Figura 12
Funil de vendas

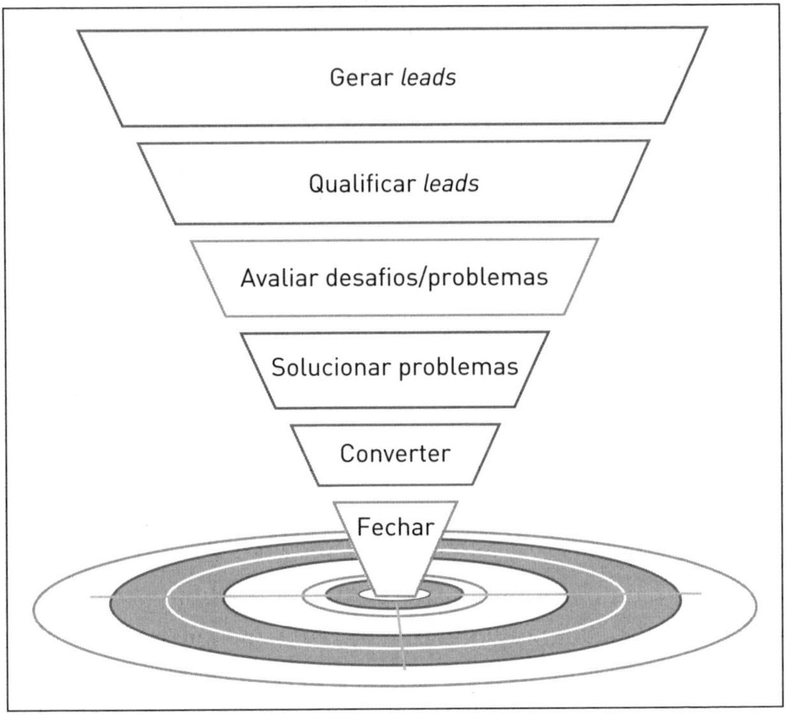

Fonte: Adaptada de Rackham (2011).

os gestores devem apresentar os indicadores de performance da equipe e de cada vendedor. A partir dessa análise, devem então direcionar os esforços do time para realização das mudanças necessárias ao alcance das metas e dos objetivos.

É muito importante transformar essas discussões em momentos positivos, de desenvolvimento individual para os vendedores e de elaboração de melhorias voltadas para o processo de vendas. Cada organização deve escolher o conjunto de indicadores de performance que esteja mais alinhado aos seus objetivos estratégicos e ao seu negócio.

> Dica importante: não tente monitorar tudo e tenha o cuidado de não escolher muitos indicadores, pois existe um grande risco de, ao proceder dessa forma, tirar o foco da força de vendas. Mantenha a simplicidade e escolha indicadores que sejam realmente fundamentais para o acompanhamento do processo e a melhoria da performance da equipe.

A seguir, relacionamos alguns indicadores de performance encontrados nas organizações atualmente:

- prospecções realizadas;
- oportunidades levantadas;
- oportunidades qualificadas (propostas, orçamentos);
- negócios potenciais;
- negócios fechados;
- taxas de conversão por etapa;
- percentual de conversão de contatos em *prospects* para qualificação;
- percentual de *prospects* qualificados para seguir para apresentação de vendas;
- percentual de *prospects* para superação de possíveis e eventuais objeções;
- percentual de *prospects* negociados;
- percentual de negócios fechados.

Funil de vendas e benefícios gerados

O grande benefício do funil de vendas é sua jornada, pois, ao decidir implantar essa ferramenta, a organização terá de, forçosamente, revisitar seu processo comercial e discuti-lo com a força de vendas. Esse processo é muito rico, pois fará com que os vendedores saibam o que fazer e como fazer para atrair, converter e fidelizar clientes.

Dessa forma, o processo comercial é otimizado e auxilia a força de vendas a encontrar o momento certo de abordar o cliente e a mensagem certa a ser utilizada. Perdem-se muito menos oportunidades, o que resulta em mais eficiência e produtividade para o negócio. Além disso, o uso das informações geradas pelo funil de vendas pode contribuir para construção do planejamento estratégico de vendas, uma vez que:

- possibilita que todos os envolvidos no processo conheçam as oportunidades e o estágio de cada uma delas dentro do processo de vendas;
- facilita a identificação das oportunidades com maior chance de fechamento;
- ajuda na melhoria da taxa de conversão, visto que o processo fica mais efetivo porque os envolvidos têm maior controle.

Durante o processo de implementação e mesmo durante o uso da ferramenta como *modus operandi* da área de vendas, é importante apresentar exemplos dos ganhos alcançados por meio de sua utilização. Ao apresentar estes casos garantimos o reconhecimento dos benefícios da ferramenta e a confiança por parte do time em usá-la. Considerando especificamente os benefícios para os vendedores devem ser ressaltados os seguintes:

- maior controle das etapas a serem seguidas no processo de vendas;
- mais clareza na identificação de quais oportunidades priorizar, o que consequentemente irá lhe oferecer o maior benefício, que é bater suas metas.

4
Administração de vendas

Pressupostos do planejamento estratégico de vendas

As organizações precisam definir sua estratégia de competição, ou seja, precisam pesquisar, analisar as informações encontradas e planejar. Uma vez definida a estratégia, a organização deve comunicar a todos os seus departamentos que, a partir desse direcionamento, irão construir seus objetivos e metas, de modo que contribuam para o alcance daquilo que a organização almeja.

O processo de planejamento estratégico de vendas é composto de diversos pequenos planos que desenham possibilidades para que algumas ações sejam implementadas. Com isso, busca-se alcançar o sucesso e os resultados almejados, sempre levando em consideração a forma mais racional de fazer isso, ou seja, aquela que apresente a melhor relação custo/benefício.

Ratificamos a importância de desenvolver um planejamento que seja realizável. Como vimos, "o papel aceita tudo", logo é a execução que demonstrará a qualidade do planejamento, que precisa ser factível, ou seja, precisa estar alinhado com a realidade do mercado, do contexto em que a organização se encontra e dentro das possibilidades da empresa. Isso quer dizer que não adianta inserir uma aquisição ou um treinamento específico no planejamento se a empresa não tiver orçamento para tal.

Determinado o foco, o planejamento precisa estar alinhado com a missão, a visão e os valores da empresa. Muitos gestores esquecem dessa necessidade e acabam desvirtuando o planejamento para longe da estratégia da organização. Por isso mesmo, é necessário lembrar que planejar é construir um caminho possível em direção ao futuro, conhecendo os percalços do presente e suas possibilidades.

Nesse sentido, é fundamental mostrar uma direção clara e objetiva à força de vendas, pois seu desempenho depende da determinação de fatores como "o que deve ser feito" e "como deve ser feito" bem como da motivação necessária à realização do que precisa ser feito. Essas diretrizes podem ser realizadas de forma individual ou em grupo, mas a escolha deve estar alinhada com os objetivos da organização e, a partir disso, com a clareza que se espera, devem ser definidos os critérios para avaliação do desempenho.

O pior erro de gestão cometido pelas organizações consiste em não comunicar, de forma efetiva e com muita clareza, o que se espera dos funcionários. Por essa razão, é crucial que os gestores informem, conversem e discutam com suas equipes a respeito dos objetivos que devem ser atingidos e do prazo que precisa ser respeitado para que sejam ser alcançados. Nessa perspectiva, o planejamento estratégico de vendas permitirá ao gestor comercial examinar e considerar premissas internas e externas, a fim de providenciar ações e estratégias que irão auxiliar os vendedores a superarem as dificuldades do mercado e atingirem suas metas.

Para que isso ocorra, o gestor comercial deve estar integrado com outras áreas de negócio da empresa, como a área de suprimentos – muitas vezes, essa área não acompanha o movimento de venda de determinado produto e os vendedores não sabem se devem vender tal produto em maior ou menor quantidade. Por meio desse alinhamento e da constante troca de informações, os vendedores não correrão o risco de vender algo que a empresa não tem, uma vez que os gestores irão direcioná-los.

Cabe aos gestores encontrar a melhor forma de alinhar a organização como um todo para dar o suporte necessário ao fechamento dos negócios, definindo a estratégia mais adequada para o fechamento das oportunidades apresentadas e conversando com os vendedores no sentido de auxiliar a busca de melhores informações.

Muitas vezes, algumas áreas que não estão no radar podem auxiliar no fechamento dos negócios. Por exemplo, a área financeira pode ajudar a estabelecer as métricas para avaliação de desempenho, instrumento fundamental para o desenvolvimento da equipe e, como já comentamos, importante para o desenvolvimento individual, desde que seja encarado de forma positiva. Já a área de recursos humanos pode auxiliar na dificílima e muito importante tarefa de criar um sistema de remuneração para aquisição e retenção de vendedores que tenham o perfil desejado pela organização.

Por meio da estruturação do planejamento estratégico de vendas, a organização consegue gerar previsibilidade e direcionar todos os departamentos do negócio para um objetivo comum, produzindo mais eficiência e união. Dessa forma, planejar significa dar segurança para que todos possam desempenhar melhor suas funções. Adicionalmente, a organização consegue administrar melhor a escassez de recursos, dando prioridade às demandas cujo potencial é maior ou mais competitivo.

Elementos do plano estratégico e do plano de vendas

Como ter sucesso em vendas? Sabemos que uma etapa importante para alcançar o sucesso em vendas é planejar. Outra etapa decisiva para o alcance do sucesso é a execução do planejamento, que se estrutura por meio de cinco dimensões interdependentes:

1) *Indicadores de performance* – Como vimos, cabe aos gestores determinar os indicadores de performance que estão mais

alinhados com os objetivos da organização, como; fatia de mercado (*market share*), margem de contribuição, satisfação do cliente etc.

2) *Resultados para o cliente* – A retenção de clientes é uma peça-chave do sucesso em vendas, pois, uma vez conquistado, o cliente tende a não ir embora. A retenção garante a sustentabilidade das vendas, ou seja, quando o cliente se sente satisfeito, ele sempre volta e traz mais oportunidades.
3) *Acompanhamento das atividades do processo de vendas (funil de vendas)* – Ao acompanhar as atividades do processo de vendas, o gestor pode realizar ajustes de forma a garantir o alcance das metas. Por essa razão, ele não pode deixar de controlar cada uma das etapas mínimas do funil de vendas, que, como vimos, são as seguintes:
   - prospecção;
   - abordagem;
   - apresentação;
   - negociação e superação de objeções;
   - fechamento.
4) *Força de vendas* – Os processos de recrutamento, seleção e treinamento bem como a estratégia de remuneração devem estar alinhados no sentido de criar uma cultura de vendas que estimule a força de vendas a ter foco na execução e nos comportamentos para alcançar o sucesso, ou seja, atingir as metas.
5) *Estratégia de ida ao mercado* (go-to-market) – A gestão de vendas desenvolve o acesso ao mercado (*go-to-market*), que deve ser garantido pela estrutura da organização, pela definição do número de vendedores para que o atendimento aos clientes seja satisfatório, pela organização das zonas de venda de acordo com os potenciais de venda, pela previsão e pelo acompanhamento das metas bem como pela obtenção

de informações sobre o mercado. Ao desempenhar essas ações com efetividade, os gestores e vendedores terão maior possibilidade de desenvolver relações duradouras e valiosas com os clientes, aumentando assim os lucros e a participação de mercado da empresa.

6) *Estabelecimento da política comercial* – A partir do plano estratégico da organização, definimos a missão, a visão, os valores e os objetivos da organização, além das suas estratégias competitivas. Essas estratégias e políticas nos levarão a definir o posicionamento de marketing, o produto, a criação de valores e as estratégias competitivas. Por fim, avaliamos os macro e micro ambientes de marketing para identificar as oportunidades de mercado. O planejamento estratégico de vendas estará então concluído, e sua execução e sucesso dependerão fortemente do que será discutido nos tópicos a seguir.

Liderança, motivação e desempenho em vendas

Liderança é a arte de conduzir pessoas, encantar e influenciar, de forma positiva, o comportamento e o pensamento de seguidores.

Existem líderes natos, ou seja, mesmo sem o cargo de "chefia" ou a posição oficial de comando, eles se destacam no grupo a que pertencem, conduzindo as pessoas a apoiarem suas orientações. Esse tipo de liderança, denominada liderança informal, é muito comum em turmas de escola e departamentos da organização.

Quando esse líder nato é escolhido para exercer uma posição de chefia em uma organização, ele passa então a exercer uma liderança formal. Esse é o melhor dos cenários, uma vez que as pessoas a serem por ele lideradas já o enxergam como tal. Sendo assim, o processo é muito natural.

O líder tem a capacidade de unificar o grupo, direcionando-o para o alcance dos objetivos da organização de forma harmônica. Além disso, um líder eficaz sabe como motivar sua equipe, por isso dizemos que liderança e motivação estão fortemente relacionadas. Além do caráter motivador, o líder tem algumas habilidades, tais como carisma, paciência, disciplina e, principalmente, capacidade de influenciar.

Existem três tipos clássicos de liderança, de acordo com a relação existente entre os líderes e seus liderados. Vejamos:

1) *Liderança autocrática* – Liderança autoritária, por meio da qual o líder impõe suas ideias e decisões ao grupo. Além disso, não dá voz à equipe e não demonstra nenhum interesse na opinião do grupo. Apenas sua opinião e seu desejo são importantes.
2) *Liderança democrática* – Tipo de liderança participativa. Nesse caso, o líder busca a interação do grupo, escuta as opiniões da equipe e toma decisões após discussões em conjunto. Esse tipo de líder também procura orientar as atividades do grupo.
3) *Liderança liberal* – Nessa categoria, o líder dá total liberdade ao grupo. As decisões são delegadas, uma vez que o líder tem confiança em sua equipe e estabeleceu com ela um processo de comunicação bem clara, o que quer dizer que seus liderados só o envolvem em coisas que são, realmente, de sua alçada.

Liderança nas organizações

Em uma organização, o tema da liderança é muito importante, uma vez que está diretamente relacionado ao sucesso ou fracasso da empresa. Para o gestor da área de vendas, a liderança é um dos requisitos mais básicos, pois envolve identificar as características de sua equipe e de cada um dos indivíduos que a compõem para desenvolvê-las e, dessa forma, obter sempre o melhor desempenho possível.

O bom líder consegue fazer seu trabalho de forma que todos do time sintam-se valorizados e satisfeitos com os resultados alcançados. No entanto, essa é uma de suas tarefas mais difíceis, pois requer a identificação daquilo de que cada participante da equipe necessita, o que depende da manutenção de um forte relacionamento.

Na pirâmide de Maslow, apresentada na figura a seguir, temos uma representação de como essas necessidades podem ser entendidas.

Figura 13

Hierarquia das necessidades de Maslow

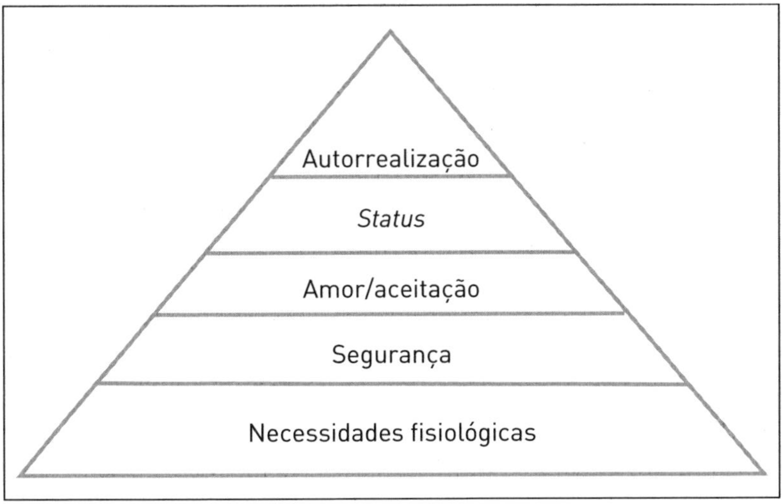

Fonte: Adaptada de Robbins (2002).

Essas são, segundo Maslow apud Robbins (2002), as possíveis necessidades dos indivíduos. De acordo com o autor, cabe ao gestor identificar as necessidades individuais e os desejos de cada membro de seu time. A grande dificuldade reside no fato de que as pessoas podem ter necessidades diferentes em momentos diferentes, e o líder precisa saber lidar com isso para conseguir não só liderar o time, mas também motivá-lo.

Para o gestor de vendas, o desafio da liderança não é diferente. Ele precisa assumir o papel de líder, uma pessoa que inspira a equipe a desejar evoluir, que busca os melhores resultados e engaja nesse sentido. Por meio da liderança, os gestores devem impulsionar e influenciar as atividades dos vendedores.

Liderar não é fácil. É necessário ouvir a equipe, praticar a empatia e comunicar-se de forma adequada. Além disso, o líder atual precisa equilibrar o lado da execução, ou seja, da disciplina, com o do relacionamento. Esses dois pontos antagônicos precisam estar em equilíbrio para que a equipe se sinta, ao mesmo tempo, pressionada e amparada para atingir os objetivos da área de vendas.

Faz parte das atividades dos gestores de vendas e líderes criar um plano de desenvolvimento para seus colaboradores. Esse tema nos levará a discutir duas questões importantes, que serão abordadas nos próximos tópicos: a motivação e a avaliação de desempenho.

Motivação

A motivação é a força que sentimos toda vez que buscamos alcançar determinado desejo. É uma força interior que se direciona e intensifica conforme nossos objetivos.

No tópico anterior, apresentamos a hierarquia das necessidades de Maslow. A importância de abordar essa hierarquia está em saber que as pessoas podem ser motivadas de diferentes formas. Sendo assim, quando desejamos que elas se sintam motivadas, é necessário pensar em atitudes que alinhem as razões pelas quais se motivam e as ações que as farão alcançar os objetivos definidos pela organização.

Assim como liderar, a arte da motivar também não é uma tarefa fácil para o gestor, mas é obrigatória, principalmente no caso da área de vendas. Vendedores precisam ser constantemente motivados e estimulados a melhorar seu ritmo de trabalho, uma vez que, na maior parte das vezes, suas visitas não resultam positivas. Vendedores não podem ter baixa motivação. Eles precisam de muita energia e, sem dúvida, de apoio da liderança no sentido de não se abaterem com as frustrações.

Muitas organizações acreditam que o fator financeiro é o que motiva a força de vendas a produzir mais e melhor, mas a realidade não é essa. A falta de motivação ou a pouca motivação está muito mais relacionada com questões como:

- falta de clareza na definição das metas;
- pouco interesse, por parte da organização, nas necessidades e dificuldades dos indivíduos, ou seja, nenhum plano de desenvolvimento de carreira;
- condições precárias de trabalho;
- falta de reconhecimento pelo esforço e resultado alcançado;
- falta de objetividade da gestão/organização.

Se a organização e, principalmente, os gestores de vendas demonstrarem ao menos a vontade de resolver parte dessas insatisfações, já *levantarão o moral* da equipe.

No entanto, a resolução desses problemas é complexa. Sendo assim, para que a equipe se motive, além da intenção de melhorar os quesitos levantados anteriormente, a gestão de vendas deve procurar alinhar sua comunicação com a força de vendas e fortalecer questões fundamentais para o bom andamento dessa relação. Tais questões estão ligadas ao ambiente organizacional.

É muito importante que os vendedores se identifiquem e conheçam a missão e os objetivos a serem alcançados. Não existe nada pior para equipe de vendas do que não saber por onde está caminhando ou de que maneira deve se comportar.

> Ter um objetivo é muito importante para manter-se motivado; logo, quanto mais clara e objetiva for a definição das metas, mais motivados a alcançá-las estarão os vendedores.

Outro ponto com que o gestor da área de vendas não pode deixar de se preocupar e que está relacionado à própria função do vendedor é o seguinte: vendedores são movidos por desafios e reconhecimento; logo, para eles, é muito importante ter responsabilidade e autoridade dentro do exercício das suas funções. Isso envolve desde tratar com um grande cliente até dar suporte em alguma negociação complexa.

Como pudemos observar, o desafio do gestor está em conseguir conciliar a atividade profissional com o perfil do indivíduo – nesse caso, do vendedor. Não é sobre dinheiro. É sobre dinheiro e muito mais.

Plano de avaliação de desempenho

As grandes empresas começaram a utilizar o termo “avalição de desempenho” na década de 1970, mas a prática desse tipo de avaliação é tão antiga quanto a atividade de vendas.

Depois de realizada a análise dos resultados produzidos pelos colaboradores de forma individual, deve-se realizar a avaliação de desempenho, cujo objetivo é promover uma discussão positiva no sentido de fazer com que essas pessoas melhorem sua performance e, consequentemente, a organização atinja suas metas e seus objetivos.

Muitas técnicas e abordagens de avaliação de desempenho já foram apresentadas e testadas, umas melhores que outras. A grande e boa notícia é a seguinte: esse processo deixou de punir ou bonificar para se concentrar na valorização das pessoas, de forma que elas se sintam engajadas, motivadas a melhorar e fazer com que a organização alcance os resultados pretendidos.

Estamos todos de acordo quanto à importância de monitorar o desempenho da equipe (tanto do grupo quanto de cada um dos vendedores), de modo a corrigir os erros existentes e orientar seus membros a respeito do desenvolvimento correto de determinada atividade. Existem várias metodologias para realizar esse tipo de monitoramento, porém é importante que, uma vez escolhida, essa metodologia seja comum a todos os avaliadores e avaliados.

A seguir, apresentamos algumas dessas metodologias.

1) *Comparação simples ou atribuição de graus* – Análise por meio da qual se comparam os membros de uma mesma equipe seguindo um parâmetro determinado pelo avaliador. Esse parâmetro é, normalmente, o melhor vendedor. A partir daí, classificam-se os demais vendedores. Essa avaliação é considerada muito simples e pode gerar estigmas, por vezes não positivos, relacionados aos vendedores, aumentar a competitividade e não estimular a evolução.
2) *Comparação binária* – Pode funcionar quando aplicada a times pequenos e médios, porém se torna muito confusa quando aplicada a times grandes. Nesse caso, o modelo ainda é de comparação, porém essa comparação não é direta: cria-se um *ranking* por meio do qual se busca identificar a melhor performance. Esse modelo está ultrapassado, uma vez que estimula a concorrência e prejudica o clima organizacional.
3) *Escolha forçada* – Sempre haverá vendedores acima da média, medianos ou abaixo da média. Por meio desse método, procura-se encaixar o vendedor em um desses grupos para promovê-lo ou recompensá-lo.

4) *Escala gráfica* – Essa é a metodologia mais utilizada atualmente. Nela a avaliação do desempenho é realizada a partir de indicadores de desempenho e pontuação. É de fácil implementação, porém ainda dá margem a um grande grau de subjetividade.

Há ainda uma série de relatórios que contribuem para avaliação de desempenho. São eles:

- *verbais* – reportes verbais por meio dos quais os gestores dão *feedback* aos vendedores com base nas informações de agentes hierárquicos presentes na estrutura de vendas sobre o desempenho da equipe;
- *escritos* – reportes com o descritivo do comportamento profissional e individual do vendedor;
- *de pesquisa* – reportes baseados em entrevistas realizadas pela gerência. Nessas entrevistas, busca-se obter, de fontes tanto internas quanto externas à empresa, informações sobre o desempenho do vendedor e, a partir do resultado, orientá-lo a participar de programas que o auxiliem a desenvolver suas competências.

Para avaliar o desempenho dos vendedores, é sempre importante considerar dois tipos de aspecto: os factíveis (ou numéricos) e os mais subjetivos, que envolvem o modo como o vendedor desempenha suas atividades. Para tanto, podem ser utilizadas as seguintes premissas:

1) aspectos factíveis:
   - utilização correta do processo e das técnicas de venda da empresa;
   - nível de prestação de serviços aos clientes;
   - alcance das metas de visita;

- quantidade de prospecções;
- taxa de conversão;

2) aspectos subjetivos:
   - apresentação pessoal;
   - proatividade e bom relacionamento com os clientes e com a organização como um todo.

Essas são apenas algumas das premissas utilizadas na avaliação de desempenho. O mais importante é procurar o maior número possível de informações e não deixar nenhum espaço para a subjetividade. Quanto mais transparente e baseada em fatos for a conversa com o vendedor, mais fácil será não só a compreensão, mas também a aceitação daquilo que a organização deseja.

Remuneração da força de vendas

Faz parte do planejamento estratégico de vendas o desenvolvimento de um plano de remuneração para equipe de vendas. A definição dessa remuneração é bem complexa e envolve algumas questões que não podem ser esquecidas, como a utilização de critérios justos e bem esclarecidos quanto à política de promoções e aumento.

Ao definir o plano de remuneração, é necessário garantir que ele esteja alinhado às metas da organização, considerando tanto a forma fixa (salário) quanto a variável (comissão). Isso é necessário porque, uma vez definida a estratégia, a agressividade da força de vendas estará relacionada à proporção entre o salário fixo e a comissão.

Quando o assunto é planejar a remuneração, devem-se levar em consideração algumas questões, como:

- Que tipo de remuneração irá atrair e reter os melhores vendedores do mercado?

- Que estrutura é melhor: salário fixo, fixo mais variável ou participação nos resultados e premiações?

São muitos os contextos a serem analisados. Em relação a questões internas, a remuneração precisa ser um sistema que estimule, e não que provoque adversidade junto ao time. Já considerando o cenário externo, o gestor de vendas precisa ficar alerta, pois a concorrência sempre *estará de olho* na performance dos melhores vendedores e, repentinamente, pode lhes fazer uma boa oferta.

Sendo assim, o plano de remuneração deve levar em consideração todos os aspectos que compõem o salário do vendedor, como: valores fixos, comissões, premiações e bonificações, além dos benefícios diretos e indiretos. É importante observar que a remuneração é um fator de motivação momentâneo, ou seja, ela motiva por um período, mas não será a responsável pelo fato de o vendedor dar o seu melhor para atingir as metas e os objetivos. A motivação está muita mais ligada ao reconhecimento e à participação do vendedor nas decisões estratégicas da área de vendas.

Chamamos de remuneração financeira direta aquela que é composta de salário, prêmios, comissões de venda e participação nos resultados da empresa (que pode ser semestral ou anual). Já a remuneração financeira indireta está ligada a férias, gratificações, 13º salário, seguro-saúde, odontológico, planos de previdência, salário-educação, vale-refeição, vale alimentação etc.

Ao definir o plano de remuneração, deve-se tomar cuidado com *dois* aspectos:

1) correlacionar o plano de remuneração com o plano de cargos, ou seja, conforme o desenvolvimento do profissional e o nível de responsabilidade da função;
2) pesquisar de que forma o mercado está remunerando a força de vendas para alinhar o plano da organização nessa direção

e não remunerar muito abaixo do praticado. Caso contrário, há probabilidade de nenhum vendedor ficar muito tempo na empresa.

É relevante observar que, atualmente, as organizações já estão considerando nos seus planos de remuneração que a força de vendas deve ser remunerada de acordo com seu merecimento ou esforço, ou seja, mesmo que a venda não seja efetivada, o esforço e o trabalho realizado nessa oportunidade devem ser reconhecidos e remunerados.

Como dissemos, existem várias formas de desenhar o plano de remuneração. A seguir, apresentamos algumas delas:

1) *Salário fixo* – Organizações que oferecem produtos ou serviços cujo valor agregado é alto e cujo processo de vendas é longo, normalmente, oferecem um salário fixo. Procurando melhorar a dedicação do vendedor ao cliente, algumas empresas estão adotando o critério da qualidade da venda, que leva em consideração o atendimento, a margem de contribuição e a fidelização do cliente. Como os produtos e serviços são mais complexos, o objetivo principal do salário fixo é não deixar o vendedor preocupado com a quantidade de fechamentos, mas sim com a qualidade desses fechamentos.
2) *Salário variável com ajuda de custo* – Nesse caso, inclui-se na remuneração uma pequena parcela fixa que tem por objetivo cobrir as despesas das visitas comerciais realizadas no mês. Esse valor pode ou não ser abatido da comissão a ser recebida no final do período.
3) *Salário fixo com atribuição de prêmios* – As empresas podem optar por remunerar os vendedores com um salário fixo alto, considerando que, no mercado, as demais organizações pagam um salário fixo baixo mais comissão. Esse salário

fixo tem de ser suficiente para estimular o vendedor a não ter vontade de sair da empresa. Pelo contrário, ele deve ter vontade de alcançar suas metas para manter o salário e de superá-las para ganhar os prêmios. Esses prêmios podem ser desde pequenos gestos, como ingressos e almoços, até viagens e premiações em espécie.

4) *Salário fixo com participação nos resultados* – Muito comum em organizações cuja venda de produtos ou serviços é mais complexa e em que a preocupação maior não é tanto com a quantidade vendidas, mas sim com a qualidade. Buscando estimular a força de vendas nesse sentido, vincula-se o valor total do salário a uma participação nos resultados da organização.
5) *Salário fixo mais variável* – Nesse caso, a organização paga um salário fixo mensal – normalmente, abaixo do praticado no mercado – que será somado à comissão sobre as vendas realizadas no período. O salário fixo e o percentual variável da comissão podem ser combinados de várias formas, sempre levando em conta os objetivos e as estratégias comerciais da organização. Muito utilizado nas organizações, a maior vantagem desse tipo de remuneração é diminuir os custos fixos da venda e, ao mesmo tempo, permitir ao vendedor receber uma remuneração maior de acordo com sua performance.
6) *Salário totalmente variável* – Nesse caso, o vendedor recebe somente uma comissão sobre o volume de vendas realizado ou sobre a margem de contribuição do produto ou serviço. Essa é uma prática muito utilizada para vendedores autônomos ou representantes comerciais. O valor da comissão pode ser estabelecido considerando o valor do produto, a margem de contribuição ou o esforço necessário para o fechamento do negócio.

A seguir, listamos os tipos de comissão praticados:

- *comissão por venda* – percentual fixo por venda ou contrato fechado. É simples e de fácil implementação. Os valores podem ser repassados assim que o cliente paga ou juntamente com o salário mensal. Via de regra, a comissão é paga em cima da venda líquida;
- *comissão por faturamento* – tipo de comissão calculado de acordo com as vendas da empresa, a partir do faturamento do mês anterior, e pago no mês seguinte;
- *comissão por margem de lucro* – modelo muito interessante, pois está ligado à lucratividade do negócio, proporcionando uma sustentabilidade maior;
- *comissão por recebimento* – indicado para empresas que vendem a prazo e recebem os valores da venda de forma parcelada, esse método tem duas vantagens: o maior controle sobre o fluxo de caixa e o estímulo para que os vendedores vendam à vista;
- *prêmios* – tipo de comissão que envolve recompensas pelo alcance de uma meta quantitativa ou qualitativa. Podendo ser individuais ou coletivos, os prêmios são determinados de acordo com os objetivos estratégicos de venda.

Implementação da remuneração de vendas

Conforme vimos, existem várias formas de remuneração, com incentivos fixos e variáveis. Caberá aos gestores da força de vendas avaliar quais irão atender melhor aos objetivos do negócio. O mais importante é compreender que a regra de comissionamento e remuneração deve estar totalmente alinhada com o planejamento estratégico de vendas. Não adianta remunerar bem os vendedores se essa remuneração não refletir em mais produtividade.

A seguir, indicamos alguns pontos para reflexão no momento da implementação da remuneração:

- avaliar se o plano de remuneração é compatível com a média praticada pelo mercado;
- avaliar se a forma de pagamento não irá afetar o fluxo de caixa da organização;
- averiguar se o sistema de remuneração está equilibrado, considerando a segurança e os desafios para incrementar vendas.

Avaliação da força de vendas

A avaliação da força de vendas auxilia ao gestor da área comercial a acompanhar o desempenho do seu time como um todo e de seus vendedores individualmente, dando-lhe suporte no sentido de atingir as metas e os objetivos da empresa. O que se busca por meio da avaliação de desempenho da força comercial é melhorar o direcionamento dos esforços a serem empregados, gerando um sistema de informações que permitirá ações corretivas e de reconhecimento da equipe e dos indivíduos.

A avaliação deve ser um processo contínuo, que valide a excelência, a qualidade e a efetividade de toda a equipe e de seus membros. Esse processo pode ser dividido em três etapas:

1) definição dos objetivos, que podem ser distribuídos em quantitativos (número de visitas, volume de vendas, realização de relatórios etc.) e qualitativos (dedicação ao trabalho, relacionamento interno, qualidade de atendimento etc.);
2) acompanhamento desses objetivos por parte do gestor em reuniões individuais, para averiguação de dificuldades e correções que se façam necessárias;

3) realização da avaliação em si, com a montagem de um plano de desenvolvimento.

Plano de desenvolvimento

Uma preocupação importante dos gestores comerciais é buscar desenvolver seu time de forma individual e em grupo. A elaboração e execução de um plano de desenvolvimento pode auxiliar muito o gestor a motivar sua equipe e os indivíduos a desempenharem um trabalho melhor, pois lhes permite enxergar a possibilidade de crescer na empresa. Além disso, o plano de desenvolvimento contribui para ampliar a performance da própria organização, pois um produz efeito sobre o outro.

Esse plano deve considerar o caminho que os indivíduos irão percorrer dentro da empresa e todos os treinamentos e posições que podem alcançar dependendo do seu esforço individual.

É importante destacarmos que, na gestão da força de vendas, por vezes a queda de desempenho se revela não por questões mercadológicas (preço, produto ou concorrência), mas devido à desmotivação da própria equipe. Algumas das causas recorrentes dessa desmotivação na área comercial são:

- falta de confiança na alta gestão, caso o gerente não passe segurança quanto ao conhecimento de suas funções;
- falta de processos definidos, com atribuição pouco clara de responsabilidades e funções bem como atribuições não pertinentes ao cargo;
- falta de reconhecimento do desempenho e das metas alcançadas;
- o vendedor se sentir preterido em oportunidades de promoção de cargo;

- distribuição equivocada de zonas de venda em relação ao tamanho do território e metas inalcançáveis.

Chegamos ao final deste material. Por meio dele, esperamos que você tenha compreendido que o importante não é saber como realizar um planejamento estratégico de vendas, mas sim saber como esse planejamento estratégico afetará o desempenho das vendas.

Uma das falhas que, mais frequentemente, causa a mortalidade das organizações é a chamada miopia estratégica, ou seja, a falta de capacidade (ou costume) dos gestores de projetar o futuro e saber comportar-se diante dele. Sendo assim, não caia na armadilha de trabalhar *apagando incêndios* ou preocupando-se somente com tarefas diárias. Esforce-se para projetar o futuro e os cenários que sua empresa enfrentará diante dele.

Leia sobre o tema, defina seu planejamento e seus planos operacionais, inclusive o plano estratégico de vendas, e trabalhe duro para melhorar os resultados.

Referências

ANSOFF, H. I. Strategies for diversification. *Harvard Business Review*, v. 35, n. 5, p. 113-124, 1957.

DEMING, William Edwards. *Qualidade*: a revolução da administração. Rio de Janeiro: Marques-Saraiva, 1990.

DRUCKER, Peter F. *Introdução à administração*. Trad. Carlos A. Malferrari. São Paulo: Pioneira, 1984.

GOBE, A. et al. Administração de vendas. In: MOREIRA, Júlio (Coord.). *Administração de vendas*. 2. ed. São Paulo: Saraiva, 2007.

HAMBRICK, D. C., & FREDRICKSON, J. W. Are you sure you have a strategy? *Academy of Management Executive*, v. 19, n. 4, p. 51-62, 2005.

KIM, W, C; MAUBORGNE, R, M. *A estratégia do oceano azul*: como criar novos mercados e tornar a concorrência irrelevante. Rio de Janeiro: Elsevier, 2005.

KOTLER, Phillip. *Administração de marketing*, 10. ed. São Paulo: Pearson Prentice Hall,2000.

PORTER, Michael E. *Vantagem competitiva*: criando e sustentando um desempenho superior. 14. ed. Rio de Janeiro: Campus, 1989

RACKHAM, Neil. *Spin selling*. Rio de Janeiro: McGraw Books, 2011.

ROBBINS, S. *Comportamento organizacional*. São Paulo: Prentice Hall, 2002.

ROSS, A; TYLER, M. *Receita previsível*: como implementar a metodologia revolucionária de vendas outbound que pode triplicar os resultados da sua empresa. 2. ed. ver. e ampl. São Paulo: Autêntica Business, 2020.

SCHEIN, E. H. *Organizational culture and leadership*. San Francisco, CA: Jossey-Bass, 1992.

Bibliografia comentada

CASTRO, Luciano Thomé; NEVES, Marcos Fava. *Administração de vendas*: planejamento, estratégia e gestão. São Paulo: Atlas, 2018.
Esse livro destaca a importância dos processos e das habilidades fundamentais em vendas, bem como oferece uma visão integrada de vendas e marketing.

HSIEH, Tony. *Satisfação garantida*. Rio de Janeiro: Harper Collins Brasil, 2019.
O autor apresenta a visão que fez seu *e-commerce* lucrar mais e em menos tempo. Ele utiliza técnicas revolucionárias para satisfazer seus clientes e sua própria equipe. Fica claro que, para ele, todo negócio está atrelado à busca da felicidade para ele próprio, para sua equipe e, é claro, para seus clientes. O *customer success* é levado a sério neste que é um dos melhores livros sobre *e-commerce*!

OLIVEIRA, Bruno. *Crie seu mercado no mundo digital*. São Paulo: Gente, 2018.
Trata-se de um livro em que são apresentadas estratégias consagradas para validar seus produtos na internet e encontrar os caminhos de venda. Em vez de lutar por uma fatia de mercado, você vai saber como criar o próprio mercado, blindando seu negócio diante da concorrência e de outros obstáculos que se tornarão irrelevantes para você. Ao longo do livro, percebe-se em que medida a tecnologia tem impactado os processos de

venda e contribuído de forma definitiva para o desenvolvimento de um novo mercado.

RACKHAM, Neil; VICENTIS, John de. *Reinventando a gestão de vendas.* Rio de Janeiro: Elsevier-Campus, 2007.
Nessa obra, os autores fazem uma apresentação dos principais conceitos e, de uma forma muito simples, ajudam todos os envolvidos em vendas a repensarem e reorganizarem suas estratégias de venda, introduzindo elementos inovadores para que se possam vencer os desafios organizacionais.

Professora-autora

Juliana Liedke

Formação acadêmica

- Mestra em gestão empresarial pela Ebape-FGV.
- MBA em gestão de riscos pelo Ibmec.
- Especialista em vendas pela *Thunderbird Business School*, do Arizona (USA).
- Bacharel em administração pela Faculdade Cândido Mendes.

Experiência profissional

- Possui mais de 25 anos de experiência em vendas e trabalhou em grandes empresas multinacionais, tendo a oportunidade de desenvolver sua carreira no Brasil e em mercados internacionais.

Este livro foi impresso nas oficinas gráficas da Editora Vozes Ltda.,
Rua Frei Luís, 100 – Petrópolis, RJ.